Henry Miller
Die Welt des Sexus

Mit einer Vorbemerkung von
Lawrence Durrell
Deutsch von
Kurt Wagenseil

Rowohlt

Die Originalausgabe
von «The World of Sex»
veröffentlichte Ben Abramson,
The Argus Bookshop, Chicago,
im Jahre 1940
Die revidierte Fassung kam 1959
im Verlag Olympia Press, Paris, heraus
«Die Welt des Sexus» erschien deutsch 1960
in einer einmaligen, limitierten
und numerierten Subskriptionsausgabe
Die Vorbemerkung von Lawrence Durrell
übertrug Maria Carlsson ins Deutsche
1. Auflage September 1977
Copyright © 1960, 1977
by Rowohlt Verlag GmbH,
Reinbek bei Hamburg
«The World of Sex»
Copyright © 1940, 1959 by Henry Miller
All rights reserved in all countries
by Henry Miller, Big Sur, Cal., USA
Printed in Germany
ISBN 3 498 04251 3

Die Welt des Sexus

Lawrence Durrell
Zu diesem Buch

Dieses Buch hat im Kanon Henry Millers einen Stellenwert, der ungefähr dem der *Apokalypse* im Werk des D. H. Lawrence entspricht: es gibt dem Leser den Schlüssel zum Universum Millers. Es ist nicht eben ein Essay und auch keine Kurzgeschichte, doch hat es etwas von beidem – ich möchte es ein Aquarell in Prosa nennen. Im 18. Jahrhundert hätte es wahrscheinlich den Titel *Eine Vision von der Natur des Menschen* bekommen. In diesem Buch macht der Autor Miller dem Visionär Miller Platz, wiewohl natürlich unser unvergleichlicher Amerikaner selbst bei all seinen Visionen noch seinen charakteristischen Sinn für Humor behält – diese Gabe, die ihn von Lawrence unterscheidet und in die Nähe Rabelais' rückt.

Ich denke, es ist angebracht, die «Botschaft» in

Millers Werk zu erörtern, um herauszustellen, wie sehr sie jener Botschaft gleicht, die der gute Doktor Rabelais in seiner Vision von der Abtei Thélème uns hinterließ – jener idealen Welt, in der der Mensch sein ungeschmälertes Erbe antreten kann. Für Miller ist das Wort «Sexus» dasselbe wie für Rabelais «la Dive Bouteille». Er setzt es für alles, was unsere Kultur, unsere Methode des Selbst-Erkennens speist. Die moderne Zivilisation löst den Menschen aus seinem Boden, trennt ihn von seinen Wurzeln und läuft so Gefahr, die Gans zu töten, die das goldene Ei der Selbst-Bewußtheit, des Selbst-Begreifens legt. Millers ganzer langer Kampf inmitten der sogenannten Obszönitäten war ein Versuch, die Berührung mit dem Boden wiederherzustellen, das zu finden, war er den «prä-adamitischen» Menschen nennt – die verlorene Unschuld wiederzufinden, die dem Menschen vermutlich entglitt, als sich die Pforten von Eden hinter ihm schlossen. Um dies zu erreichen, hielt er es für notwendig, das Tabu ans Licht zu heben, das die menschliche Psyche deformiert und entstellt hat – ein Tabu, das die sexuellen Beziehungen bestimmte. Die Heftigkeit und das zornige Ungestüm seiner Attacke mußten schon ihrem Wesen nach viele

Leute beleidigen, die nicht die Absicht erfaßten, welche dahinterstand; das liegt in der Natur der Dinge. Doch jene, die ihn mit ganz offenen Augen lasen, konnten mühelos erkennen, daß eine befruchtende und befreiende Gewalt von seinem Werk ausging. Es war keine Zertrümmerung um der Zertrümmerung willen. Es war ein Versuch, der Psyche des Menschen die ihr eigenen Kräfte zurückzugeben – die Kräfte der Selbst-Erkenntnis. Für Miller steht am Anfang und Ende der psychischen Erkenntnis die sexuelle. Er möchte die Schrecken bannen, die den Menschen daran hindern, zu seiner vollen Größe emporzuwachsen. Als Künstler vermochte er das am besten dadurch zuwege zu bringen, daß er seine eigenen Wurzeln aufspürte, daß er auf den Grund seiner eigenen psychischen Dissonanz tauchte. Seine Autobiographie stellt daher eine lange Suche nach dem prä-adamitischen Menschen in ihm selbst dar. Wenn er uns oft vor den Kopf stößt, uns oft verletzt, so nur deshalb, weil er uns zum Selbst-Verstehen aufrufen will, weil er uns zu unserer Reife drängen möchte.

In der Welt unserer Zeit, in der der Mensch in zunehmendem Maß eine soziologische Gleichung geworden ist, mehr eine Recheneinheit ist denn eine Seele, ist es wichtig, daß der Künstler auf der poetischen Schau der Dinge besteht, darauf besteht, daß wir das Unsterbliche an uns pflegen. In einer Welt steriler Gehirnkonstruktionen und eines so schweren Mißbrauchs der analytischen Fähigkeiten bedürfen wir mehr denn je des Gegengewichts der mystischen Schau. Die psychische Gesundheit des Menschen steht auf dem Spiel.

Dies also lese ich aus Millers Buch; doch ich werde hoffentlich nicht so verstanden, als ob es sich hier um eine wissenschaftliche Arbeit handele, um eine gelehrte Abhandlung – es ist nichts davon. Es ist wie ein Tanz, ein Gedicht in Prosa, in dem sich all seine großen Eigenschaften vereinen: dahinströmende Sprache, Offenheit und sprühendes Gelächter. Dieser große, unanfechtbare Schriftsteller ist sogar noch in seinen Sechzigern ein Schelm, ein Kind. Alle, die seine Eigenschaften lieben, werden sich der Bedeutung dieses Buches nicht verschließen.

Vorwort
von Henry Miller

Die ursprüngliche Fassung dieses Buches wurde von einem Mann, der jetzt tot ist, als Privatdruck herausgegeben. Wie viele Exemplare gedruckt und verkauft wurden, konnte ich nie feststellen. Das Buch wurde unter dem Ladentisch gehandelt, und über die Anzahl der verkauften Exemplare wurden keine Aufzeichnungen gemacht. Wenigstens habe ich nie eine Aufstellung darüber erhalten.

Seit dem Tode des Verlegers war das Buch vergriffen. Da es nur eine beschränkte Verbreitung gefunden hatte und da wahrscheinlich kein englischer oder amerikanischer Verleger es wieder drucken würde, entschloß ich mich, eine neue Ausgabe in Frankreich herauszubringen, wo alle verbotenen Bücher, die meinen Namen tragen, erschienen sind und noch erscheinen.

Bevor ich es jedoch der Post anvertraute, hielt ich es für ratsam, noch einmal durchzulesen, was ich vor so langer Zeit (1940) geschrieben hatte. Während der Lektüre begann ich (ganz unwillkürlich) Änderungen und Verbesserungen anzubringen, ohne daß ich mir träumen ließ, auf was ich mich da eingelassen hatte. Wenn der Leser die beigegebenen Korrekturseiten aufschlagen will, wird er selbst sehen, mit welcher fast diabolischen Begeisterung ich mich über diese Umarbeitung hergemacht habe.

Als ich mit ihr fast fertig war, kam mir der Gedanke, es möchte vielleicht, besonders für solche Leser, die von der mühseligen Arbeit eines Schriftstellers mehr kennen wollen als den fertigen Text, interessant sein, die beiden Fassungen vergleichen zu können.

Da die neuen und die korrigierten Seiten beträchtlich voneinander abweichen, muß ich auch erwähnen, daß ich noch eine weitere vollständige Revision vornahm, die hier nicht gezeigt wird, von der jedoch die vorgelegte Fassung herstammt. Die bei der zweiten Revision aufgewandte Mühe war noch größer und noch aufregender als die mit dem ersten Versuch verbundene.

Ich möchte auch betonen, daß ich bei der Revision des ursprünglichen Textes nicht die Absicht hatte, den Gedanken zu ändern, sondern ihn klarer hervorzuheben. Ich hoffe, daß ist mir nicht mißlungen.

THE WORLD OF SEX

I have often observed that there are two strongly opposed groups —

Among ~~Those who read my~~ ~~THE READERS OF MY BOOKS~~ *readers works claim to seem to* ~~fall usually into two distinct classes~~ — those who ~~are~~ *repelled and* be disgusted by the strong element of sexuality and those who rejoice in discovering that this element forms such a large ingredient. Many of those ~~who comprise~~ *ing* the former group find ~~my critical writing~~ the essays and studies~~—~~ not only ~~highly satisfactory~~ but superbly to *commendable* their liking ~~and~~ *they* are *often* at a loss to explain ~~to themselves~~ *individual* how one and the same ~~man~~ could write such vastly dissimilar things. In the latter group are ~~some~~ *many* who *profess* ~~have no patience at all with what they choose to call~~ *to be annoyed* *serious and who denounce* my ~~"classic"~~ side, ~~rejecting it either as unworthy of~~ *any expression of it not* ~~my talent or as sheer piffle and~~ mysticism. Only a few *poor capable of* discerning souls ~~seem able to reconcile~~ the so-called contradictory aspects of my being ~~as revealed through~~ *which reveals* my writing. On the other hand I have observed that, *prevails* *take pleasure in*

—5—

Die Welt des Sexus

Die Mehrzahl meiner Leser zerfällt, wie ich oft festgestellt habe, in zwei deutlich unterschiedene Gruppen. Zu der einen gehören jene, die behaupten, durch die reichliche Dosierung sexueller Schilderungen abgestoßen oder angeekelt zu werden, zu der anderen jene, die darüber höchst erfreut sind, daß dieses Element einen so großen Anteil hat. Zu der ersten Gruppe zählen viele, die meine Studien und Essays nicht nur lobenswert, sondern ihrem Geschmack besonders angemessen finden und die sich deshalb nur schwer erklären können, wie ein und derselbe Verfasser so stark voneinander abweichende Werke hervorbringen kann. In der zweiten Gruppe sind manche, die mit meiner sogenannten ernsten Seite höchst unzufrieden sind und denen es daher Spaß macht, alles, was darin zum Vorschein kommt, als dummes Zeug, Quatsch und Mystizismus zu bezeichnen. Nur ein paar einsichtige Seelen können anscheinend die angeblich widerspruchsvollen Seiten eines Menschen in Einklang bringen, der sich bemüht hat, keinen Teil seines Wesens zu unterdrücken.

Andererseits habe ich häufig genug erfahren, daß ein Leser, mit wie heftiger Ablehnung er auch auf mein Werk reagieren mag, mich schließlich von ganzem Herzen akzeptiert, sobald wir uns von Angesicht zu Angesicht gegenüberstehen. Aus den vielen Begegnungen, die ich mit meinen Lesern gehabt habe, geht hervor, daß Antipathien gegen einen Schriftsteller schnell verschwinden, wenn man ihn persönlich kennenlernt. Wiederholte Erlebnisse dieser Art ließen mich schließlich glauben, daß jeder Widerspruch zwischen dem Menschen und dem Schriftsteller, zwischen dem, was ich bin und dem, was ich tue oder sage, sich auflöst, wenn ich durch das geschriebene Wort die Wahrheit und Aufrichtigkeit meiner Gedanken in vollem Umfang vermitteln kann. Dies ist meiner bescheidenen Meinung nach das höchste Ziel, das sich ein Schriftsteller setzen kann. Dasselbe Ziel – das einigende Band zu finden – liegt allem religiösen Streben zugrunde. Da ich das weiß, bin ich immer ein religiöser Mensch gewesen. Auf die Frage, ob das Sexuelle und das Religiöse im Gegensatz stehen, möchte ich folgende Antwort geben: jedes Element oder jede Seite des Lebens, wie naturnotwendig oder wie fragwürdig sie auch (für uns) sei, ist einer Umwandlung zugänglich und muß unserer Entwicklung und unserem wachsenden Verständnis gemäß durch Verwandlung auf andere Ebenen erhoben werden. Die Bemühung, die «abstoßenden» Seiten des Daseins auszuschalten, was die fixe Idee der Moralisten ist, halte ich nicht nur für töricht, sondern auch für vergeblich. Es mag einem gelingen, häßliche «sündige» Gedanken und Wünsche, Regungen und Triebe zurückzudrängen, aber das Ergebnis ist sichtlich katastrophal. (Es bleibt fast nur die Wahl zwischen dem Heiligen und dem Verbrecher.) Seine Wünsche auszuleben und dadurch unmerklich ihre Natur zu ändern, ist das Ziel eines jeden Menschen, der nach Weiterentwicklung strebt. Aber das Verlangen selbst ist unüberwindlich und unausrottbar, selbst wenn es, wie die Buddhisten es ausdrücken, in sein Gegenteil umschlägt. Es muß einen danach *verlangen*, sich vom Verlangen zu befreien.

Dieses Thema hat mich immer stark interessiert. In meiner Jugend und noch lange nachher war ich heftigen Trieben ausgesetzt, die gänzlich unbezähmbar waren. In der letzten Zeit bin ich nach intensiver schöpferischer Tätigkeit mehr als je über den Gedankensumpf verblüfft, in dem die unaufhörliche Behandlung des Themas festgefahren ist.

Es war im Jahre 1935, als ich durch einen Freund, einen Okkultisten, das Buch *Seraphita* in die Hände bekam. *Seraphita* ist heute noch einer der Gipfel meiner Forschungen im Reich des Denkens. Es ist mehr als ein Buch, es ist eine Erfahrung, die der Autor in Worten verewigte. Von diesem Werk ging ich zum Studium jenes anderen denkwürdigen Balzacschen Werkes über, *Louis Lambert*, und untersuchte dann Balzacs Leben. Die Ergebnisse dieser Studien kristallisierten sich in der Form einer Abhandlung «Balzac und sein Double»[1]. Bei ihrer Niederschrift löste sich der Konflikt auf, der mich geplagt hatte.

Wenige wissen, wie inbrünstig Balzac mit dem Problem des Engels im Menschen gerungen hat. Ich sage dies, um zu bekennen, daß eben dieses

1 Zuerst veröffentlicht in *Max and the White Phagocytes,* Obelisk Press, Paris 1938

Problem auf eine leicht verschiedene Art mich mein ganzes Leben lang hartnäckig verfolgt hat. In gewissem Sinn glaube ich, daß es jeden schöpferischen Menschen fast bis zur Ausschließlichkeit beschäftigt hat. Ob er es zugibt oder nicht, der Künstler ist von dem Gedanken besessen, die Welt noch einmal zu erschaffen, um die ursprüngliche Unschuld des Menschen wiederherzustellen. Er weiß überdies, daß der Mensch seine Unschuld nur durch Wiedergewinnung seiner Freiheit zurückerlangen kann. Unter Freiheit verstehe ich hier den Tod des Automaten.

In einem seiner Essays wies D. H. Lawrence darauf hin, daß es zwei große Lebensweisen gäbe, die religiöse und die sexuelle. Die erstere, so erklärte er, habe vor der letzteren den Vorrang gewonnen. Die sexuelle sei zweitrangig, sagte er. Ich habe immer geglaubt, daß es nur einen Weg gibt, den Weg der Wahrheit, der nicht zur Erlösung, sondern zur Erleuchtung führt. Wie sehr sich auch eine Kultur von einer anderen unterscheiden mag, wie sehr sich auch die Gesetze, Sitten, Glaubensinhalte und religiösen Kulte von einer Zeitperiode zur anderen, von einer Menschenart oder Menschenrasse zur anderen verändern mögen, ich erblicke in dem Verhalten der großen geistigen Führer eine auffallende Übereinstimmung, eine beispielgebende Darstellung der Wahrheit und Ganzheit, die selbst ein Kind begreifen kann.

Erscheint es dem Charakter des Autors von *Wendekreis des Krebses* unangemessen, solche Ansichten zu äußern? Nicht, wenn man tief genug unter die Oberfläche geht! So reichlich jenes Werk mit Sexuellem gespickt ist, das Anliegen des Verfassers bezog sich nicht auf das Sexuelle noch auf die Religion, sondern auf das Problem der Selbstbefreiung. Im *Wendekreis des Steinbocks* wird das Obszöne überlegter und absichtlicher verwendet, vielleicht weil mir die hohen Anforderungen dieses Mediums bewußter wurden. Das Zwischenspiel «Das Land des Ficks» ist für mich eine Hochwassermarke in der Verschmelzung von Symbol, Mythus und Metapher. Als Wellenbrecher gebraucht dient es einem doppelten Zweck. (So wie der Clown im Zirkus auftritt – nicht nur zur Erleichterung der Spannung, sondern zur Vorbereitung einer noch größeren.) Als ich es schrieb[2], hatte

2 Siehe Hinweise auf diese und andere «nicht dazu gehörige Stellen» in *Big Sur und die Orangen des Hieronymus Bosch* (Rowohlt Verlag, Hamburg 1958)

was more thoughtfully and deliberately handled.

is used even more nakedly, and more purely, incidentally. It marks the development of awareness in the author, and with awareness an ever increasing appreciation of the medium through which he is obliged to express himself. The Interlude called "The Land of Fuck", in this latter book, is (in the author's opinion) the highwater mark of realization in the use of the medium of language today. I would almost go so far as to say that it is for today what Ecclesiastes was for another time. In this long passage, serving as a breakwater, practically every line was written with great effort, written blindly, doggedly, without conscious realization of the meaning but with absolute certitude that it had significance. It was an achievement almost tantamount to jumping out of one's skin. When a century has rolled around it will perhaps be realized what precisely was the nature of the author's struggle with the world. To hazard a guess now I would say that the clue to that struggle lies in the meaning of the word polarity. To be more specific I would add that between the word and the response there is today such an inert resistance as to almost kill the artist. The mass of writers are dimly aware of it, but are confused because they attribute it to social, political and economic disturbances.

But the real reason lies deeper and is scarcely explicable in words. A new world is being born, a new type of man is in the bud. The great mass of men, destined now to suffer more cruelly perhaps than man has ever suffered before, have become paralyzed with fear; have withdrawn into their own shell-shocked souls, into their self created tombs

—9—

in the exploitation of language as a medium of symbol, myth and metaphor.

ich nur eine dunkle Vorstellung von seiner Bedeutung, in Hinsicht auf seinen Zweck aber herrschte absolute Sicherheit. Ich fuhr damit gleichsam aus der Haut. In künftigen Jahren kann diese «Extravaganz» einen unerwarteten Aufschluß über die Art des Kampfes geben, den der Verfasser im Innersten auszufechten hatte. Man braucht die Tatsache nicht zu verbergen, daß die Schwierigkeit des Konflikts in Beziehung zu dem selten verstandenen Phänomen der Polarität steht. Zwischen Wort und Widerhall besteht heute nur ein schwach flackernder Verbindungsstrom. Wenn man, wie die meisten Denker, das Dilemma auf gesellschaftliche, politische und wirtschaftliche Störungen zurückführt, verdunkelt man die Frage nur unnötig.

Der wirkliche Grund liegt tiefer. Eine neue Welt ist im Entstehen, eine neue Art Mensch in der Entwicklung begriffen. Die Massen, die jetzt grausamer als je zuvor leiden müssen, sind von Furcht und Angst gelähmt. Sie haben sich, wie Soldaten mit einem Grabenschock, in ihre selbstgeschaffenen Gräber zurückgezogen. Sie haben jeden Kontakt mit der Wirklichkeit verloren, außer wenn es sich um ihre körperlichen Bedürfnisse handelt. Der Körper ist natürlich schon seit langem nicht mehr der Tempel des Geistes. Der Mensch stirbt der Welt ab – und dem Schöpfer. In diesem Zersetzungsvorgang, der jahrhundertelang weitergehen kann, verliert das Leben jede Bedeutung. Eine unirdische Geschäftigkeit, die sich mit gleicher Wildheit in den Bestrebungen von Gelehrten, Denkern und Technikern wie in den Umtrieben von Militaristen, Politikern und Plünderern zeigt, verdeckt das immer blasser scheinende Licht der lebendigen Flamme. Diese anomale Geschäftigkeit ist schon das Zeichen des herannahenden Todes.

Von all dem wußte oder verstand ich sehr wenig, als ich zuerst die Feder in die Hand nahm. Bevor ich richtig anfangen konnte, mußte ich zuerst meinen «kleinen Tod» erleiden. Der falsche Anfang, der zehn Jahre dauerte, machte es mir möglich, der Welt abzusterben. Wie jetzt jeder weiß, kam ich in Paris wieder zu mir.

In diesen ersten Jahren in Paris war ich buchstäblich ausgelöscht worden. Von dem Schriftsteller, der ich, wie ich hoffte, einmal werden würde, blieb nichts übrig – nur der, der ich werden mußte. (Als ich meinen Weg fand, entdeckte ich auch meine Stimme.) Der *Wendekreis des Krebses* ist ein mit Blut getränktes Testament, das die verheerenden Wirkungen meines Kampfes im Bauch des Todes zeigt. Der starke Geruch des Sexus, den das Buch ausströmt, ist in Wirklichkeit das Aroma der Geburt. Er ist nur für jene unangenehm oder abstoßend, die seine Bedeutung nicht erkennen.

Der *Wendekreis des Steinbocks* stellt den Übergang zu einer bewußteren Phase dar, den Übergang von der Selbsterkenntnis zur Erkenntnis meiner Absichten. Was für Metamorphosen von nun an auch eintreten, sie zeigen sich mehr im Verhalten als im geschriebenen Wort. Es ist der Beginn eines Konflikts zwischen dem Schriftsteller, der entschlossen ist, seine Aufgabe zu vollenden, und dem Menschen, der tief im Inneren weiß, daß das Verlangen, sich auszudrücken, nie auf ein einzelnes Mittel – auf Kunst zum Beispiel – beschränkt werden darf, sondern sich auf jede Phase des Lebens erstrecken muß. Es ist eine mehr oder weniger bewußte Schlacht zwischen Pflicht und Verlangen. Der Teil des Menschen, welcher zur Welt gehört, sucht seine Pflicht zu tun; der Teil, der Gott gehört, strebt danach, die Forderungen des Schicksals zu erfüllen, die nicht genau festzulegen sind. Die Schwierigkeit: sich dem trostlosen Niveau anzu-

passen, wo nur die eigenen Kräfte einen aufrecht-
erhalten. Von diesem Punkt an stellt sich das Problem, nach rückwärts hin zu schreiben und nach
vorwärts zu handeln. Wenn man ausgleitet, sinkt
man in einen Abgrund, aus dem es keine Rettung
gibt. Der Kampf ist auf allen Fronten zu führen
und ist ohne Ende und ohne Erbarmen.

Wie jeder andere Mensch bin auch ich mein
schlimmster Feind. Im Gegensatz zu den meisten
Menschen weiß ich jedoch, daß ich mein eigener
Erlöser bin. Ich weiß, daß Freiheit Verantwortlich-
keit bedeutet. Ich weiß auch, wie leicht Verlangen
in Taten umgesetzt werden kann. Selbst wenn ich
die Augen schließe, muß ich aufpassen, wie und
wovon ich träume, denn nunmehr trennt nur der
dünnste Schleier den Traum von der Wirklichkeit.

Eine wie große oder wie kleine Rolle der Sexus
im Leben eines Menschen spielt, scheint verhältnismäßig unbedeutend. Einige der größten Leistungen, die wir kennen, sind von Personen vollbracht
worden, die ein wenig ausgeprägtes oder gar kein
Geschlechtsleben hatten. Andererseits wissen wir
aus dem Leben bestimmter Künstler – Männer
ersten Ranges –, daß ihre gewaltigen Werke nur
aus dem Untergrund einer starken Sexualität ge-

wachsen sind. Bei einigen wenigen fielen diese Zeiten außergewöhnlichen Schöpfertums mit ungewöhnlichen sexuellen Ausschweifungen zusammen. Weder Enthaltsamkeit noch Ausschweifung liefern irgendeine Erklärung. Auch auf sexuellem Gebiet sprechen wir, wie auf anderen, von einer Norm – aber das Normale besagt immer nur, was statistisch auf die große Masse von Männern und Frauen zutrifft. Was für die große Mehrheit normal, gesund und zuträglich ist, liefert uns keinen Maßstab für das Verhalten des außergewöhnlichen Menschen. Der geniale Mensch, ob durch seine Werke oder sein persönliches Beispiel, ist immer eine leuchtende Bestätigung der Wahrheit, daß jeder sich selbst Gesetz ist und daß der Weg zur Erfüllung über Anerkennung und Verwertung der Tatsache führt, daß jeder von uns einzigartig ist.

Unsere Gesetze und Sitten beziehen sich auf das soziale Leben, das Leben in Gemeinschaft, also die kleinere und geringere Seite des Daseins. Das wirkliche Leben beginnt erst, wenn wir allein sind und unserem unbekannten Selbst gegenüberstehen. Was geschieht, wenn wir mit ihm zusammenkommen, wird durch unsere inneren Monologe bestimmt.

Wir führen viel auf zufällige Begegnungen zurück, sprechen von ihnen als von Wendepunkten in unserem Leben, aber diese glücklichen Zufälle hätten nie eintreten können, wenn wir uns nicht auf sie vorbereitet hätten. Wenn wir diesen Dingen größere Beachtung schenkten, würden solche Begegnungen sich als noch lohnender erweisen. Nur in bestimmten, nicht vorauszusehenden Augenblicken sind wir ganz auf sie eingestellt und voll Erwartung und so in der Lage, die Gunstbezeugungen des Schicksals entgegenzunehmen. Der durch und durch wache Mensch weiß, daß nichts geschieht, was nicht seine Bedeutung hat. Er weiß, daß dies nicht nur in seinem eigenen Leben Veränderungen herbeiführen, sondern sich schließlich auf die ganze Welt auswirken kann.

Die Rolle, die der Sexus im Leben eines Menschen spielt, ist je nach der Person verschieden, wie wir wissen. Es ist nicht unmöglich, daß es ein Schema gibt, das die wildesten Variationen einschließt. Der Sexus ist für mich ein nur zum Teil erforschtes Gebiet; der größere Teil bleibt, wenigstens für mich, geheimnisvoll und unbekannt, möglicherweise für immer unergründlich. Dasselbe gilt für andere Seiten der Lebenskraft. Wir mögen

etwas oder viel erkennen, aber je weiter wir vor-
stoßen, desto weiter weicht der Horizont zurück.
Wir sind von einem Meer von Kräften umgeben,
gegen die unsere armselige Intelligenz nicht an-
kommt. Ehe wir nicht die Tatsache anerkennen,
daß das Leben selbst im Geheimnis gründet, werden wir nichts erfahren.

Der Sexus ist daher, wie alles andere auch, zum
größten Teil etwas Geheimnisvolles. Das versuche
ich klarzumachen. Ich behaupte nicht, auf diesem
Gebiet ein großer Forscher zu sein. Meine eigenen
Abenteuer können keinen Vergleich mit denen
gewöhnlicher Don Juans aufnehmen. Für einen
Großstädter sind sie sogar bescheiden und durchaus normal. Für einen Künstler sind sie gar nicht
sonderbar oder bemerkenswert. Meine Forschungs-
reisen haben mir jedoch einige Entdeckungen ein-
gebracht, die eines Tages Früchte tragen können.
Wir wollen das so ausdrücken: Ich habe bestimmte
Inseln gesichtet und aufgezeichnet, die als Richt-
weiser dienen mögen, wenn die großen Seestraßen
geöffnet werden.

Es gab eine Zeit in Paris, gerade nachdem ich
dort eine Umwandlung durchgemacht hatte, da
ich mit hellseherischer Sicherheit das ganze Schema

meiner Vergangenheit überblicken konnte. Ich besaß anscheinend plötzlich die Gabe, mich an alles
und jedes zu erinnern, an das ich mich erinnern
wollte. Sogar ohne daß ich es wünschte, drängten
sich lange zurückliegende Ereignisse und Begegnungen mit solcher Kraft und solcher Lebendigkeit
in mein Bewußtsein, daß es fast unerträglich wurde.
Alles, was mir zugestoßen war, gewann Bedeutung, und das ist mir von dieser Erfahrung am
deutlichsten in Erinnerung geblieben. Jede zufällige Begegnung schien ein Ereignis zu sein; jede
Beziehung nahm ihren richtigen Platz ein. Plötzlich fühlte ich mich fähig, auf die wahrhaft große
Schar von Männern, Frauen und Kindern – auch
Tieren – zurückzuschauen, mit denen ich bekannt
geworden war, und sie alle als ein Ganzes zu sehen, so klar und so prophetisch deutbar, wie man
die Sternbilder in einer klaren Winternacht sieht.
Ich konnte Bahnen wahrnehmen, die meine plane-
tarischen Freunde und Bekannten beschrieben hatten, und zwischen diesen schwindelerregenden Bewegungen auch den ziellosen und unregelmäßigen
Lauf unterscheiden, den ich selbst genommen hatte
– als Nebel, Sonne, Mond, Satellit, Meteor, Ko-
met ... und Sternenstaub. Ich bemerkte sowohl

die Perioden von Opposition und Konjunktion wie auch die teilweiser oder totaler Verfinsterung. Ich sah, daß eine tiefe und dauernde Verbindung zwischen mir selbst und allen anderen menschlichen Wesen bestand, mit denen zu der einen oder anderen Zeit in Berührung zu kommen mein Los – oder mein Vorrecht war. Was noch wichtiger ist, im Gefüge meines wirklichen Seins erkannte ich auch die Möglichkeiten, die in ihm verborgen lagen. In diesen leuchtend klaren Augenblicken sah ich mich als einen der einsamsten und gleichzeitig als einen der geselligsten Menschen. Es war, als sei für eine kurze Zwischenzeit der Vorhang gefallen, der Kampf zu Ende. In dem großen Amphitheater, das mir als leer und bedeutungslos erschienen war, entfaltete sich vor meinen Augen die stürmische Schöpfung, von der ich schließlich und glücklicherweise doch ein Teil war. – Ich sagte: Männer, Frauen und Kinder... Sie waren alle da, alle gleich bedeutungsvoll. Ich könnte noch hinzusetzen: Bücher, Berge, Flüsse, Seen, Städte, Wälder, Geschöpfe der Luft und Geschöpfe der Tiefe; Namen, Plätze, Leute, Ereignisse, Ideen, Träume, Träumereien, Wünsche, Hoffnungen, Pläne und Enttäuschungen. Alle waren, wenn angesprochen und aufgerufen, so lebendig und lebhaft wie je. Alles ordnete sich sozusagen nach dem Breiten- und Längengrad ein. Es waren große Nebelfelder vorhanden – Metaphysik; breite flammende Gür- tel – die Religionen; brennende Kometen, deren Schweife das Wort Hoffnung an den Himmel schrieben. Und so weiter . . . Und dann war da der Sexus. Aber was *war* das eigentlich? Wie eine Gott- heit war er allgegenwärtig. Er durchdrang alles. Vielleicht war das ganze Universum der Vergan- genheit, um es in einem Bilde auszudrücken, nur ein mythologisches Ungeheuer, von dem die Welt, meine Welt, als Junges geworfen wurde. Jenes Ungeheuer aber verschwand nicht mit dem Akt der Schöpfung, sondern blieb unter der Welt, stützte sie (und sein eigenes Selbst), trug sie auf seinem Rücken.

Für mich nimmt diese sonderbare Erfahrung in meinem Gedächtnis einen Platz ein ähnlich wie die Sintflut im Unterbewußtsein der Menschheit. Als die Wasser zurückwichen, trat der Berg aus den Fluten hervor. Da war ich nun, gestrandet auf dem höchsten Gipfel, in der Arche, die ich auf Befehl einer geheimnisvollen Stimme erbaut hatte. Auf einmal flogen die Tauben fort und zer-

teilten mit ihrem flammenden Gefieder die Nebel-
schwaden. All dies, unglaubhaft, wenn man will,
folgte auf eine Katastrophe, die jetzt so tief begraben ist, daß man sich nicht mehr an sie erinnern
kann.

Dieses mythologische Ungeheuer! Ich will noch
ein paar Erinnerungen hinzufügen, bevor es Form
und Substanz verliert . . .

Im Anfang war es, als sei ich aus einem Trancezustand erwacht. Wie jener Mann aus alten Zeiten
befand ich mich im Bauch eines Walfisches. Die
Farbe, die meine Netzhaut tränkte, war ein war-
mes Grau. Alles, was ich berührte, fühlte sich so
köstlich an, wie für den Chirurgen, wenn er die
Hände in unsere warmen Eingeweide taucht. Das
Klima war gemäßigt, neigte eher zur Wärme als
zur Kälte. Kurz, es war eine typische Gebärmut-
teratmosphäre, und sie war mit allen babyloni-
schen Bequemlichkeiten angefüllt, die sich ein
Weichling ausdenken kann.

Überkultiviert geboren, fühlte ich mich vollkommen behaglich. Alles war meinem überfeinerten
Sensorium vertraut und angenehm. Ich konnte mit
Sicherheit auf meinen schwarzen Kaffee zählen,
auf meinen Likör, meine Havannazigarre, meinen

seidenen Schlafrock und alles andere, was ein Mann mit Muße benötigt. Kein harter Existenzkampf, keine Nahrungssorgen, keine auszuglättenden sozialen oder psychologischen Komplexe. Von Anfang an war ich ein emanzipierter Taugenichts. Wenn nichts Besseres zu tun war, ließ ich mir die Abendzeitung holen, und nach einem flüchtigen Blick auf die Schlagzeilen verschlang ich eifrig die Inserate, den Gesellschaftsklatsch, die Theaternotizen und so weiter bis hinunter zu den Todesanzeigen.

Aus einem seltsamen Grund entwickelte ich ein anormales Interesse an der Fauna und Flora dieses Gebärmutterreiches. Ich nahm alles mit dem kühlen, sachlichen Blick des Wissenschaftlers in Augenschein. (Ich nannte mich selbst den «verrückten Botaniker».) In diesen labyrinthischen Falten entdeckte ich unzählige Wunder. Und nun muß ich abbrechen, da all dies nur zu einem bestimmten Zweck gedient hat, nämlich von der ersten kleinen Fud zu sprechen, die ich je untersucht habe.

Ich war damals etwa fünf oder sechs Jahre alt, und der Zwischenfall trug sich in einem Keller zu. Das Nach-Bild, das zu gegebener Zeit in Gestalt

for the

~~and order~~ an evening paper ~~reading carefully, not only the headlines but the social gossip column,~~ the advertisements, the theatre notices, ~~etc.~~ and so on,

and after a glance
at
scrupulously devour
the social gossip

From the very ~~beginning~~ I took an abnormal interest in the fauna and flora of this ~~sexual world which~~ I had ~~chosen to inhabit.~~ I looked about me with the cool, ~~passionate~~ eyes of a scientist. ~~If more like the botanist than the chemist, of course.~~ I ~~saw that~~ in the endless labyrinthian folds of ~~this~~ monster ~~which blotted out~~ sea and land and sky ~~there were~~ innumerable marvels ~~of a certain nature.~~ I remember ~~that the~~ first little cunt I ~~ever~~ looked at ~~a when I was about five or six~~ in a cellar — ~~reminded me of~~ an image which was ~~only~~ to solidify (later) and define itself as "the man in the iron mask." Much, much later ~~only~~ a few years ago, ~~in fact,~~ on opening a book filled with reproductions of primitive masks, I ~~saw to my astonishment~~ a womb-like mask which, when ~~opened revealed~~ the ~~full-sized~~ head of a man. Perhaps the shock of seeing this full-~~sized~~ head ~~peering out of~~ the womb was the ~~response, totally unexpected, to the unquenchable curiosity,~~ to the ~~burning~~ question ~~never to be answered~~ which voiced itself when I had my first look at the ~~little girl's vagina in the dark cellar.~~ In the "Tropic of Cancer" I portrayed an individual who had never ~~gotten over~~ this obsession. He is still, I believe, prying open all manner of cunts in order to ~~track down~~ the mystery ~~of what lies hidden away inside~~ that organ. He knows ~~there is nothing but~~ he cannot stop hunting for the big game which eludes him. Something *is* hidden ~~away~~ and he knows it, but he ~~hasn't discovered where to~~

down through the obituary recital; herbotomist; laughs; I discovered never examined; came upon; one lifted the flap revealed; blown; first genuine throb; serious; italics; recovered from; frustrate; buried more; better words yet; from him, is at a loss how to proceed.

— 17 —

that day long ago.

is powerless to stop the prying and delving, which this organ supposedly conceals.

von etwas Widersinnigem feste Form annahm, nannte ich den «Mann mit der eisernen Maske». Erst vor ein paar Jahren stieß ich beim Durchblättern eines Buches, das Abbildungen primitiver Masken enthielt, auf eine gebärmutterähnliche Maske, aus der beim Anheben einer Klappe der Kopf eines erwachsenen Mannes zum Vorschein kam. Vielleicht war der Schock, diesen massigen Kopf aus der Gebärmutter starren zu sehen, die erste echte Antwort auf die Frage, die vor langer Zeit in jenem Augenblick in mir aufstieg, als ich zum erstenmal bewußt eine Vagina betrachtete. (Im *Wendekreis des Krebses* schilderte ich, wie man sich vielleicht erinnern wird, einen Kumpan, der diese Fixierung nicht mehr aus dem Kopf brachte. Er erforscht, glaube ich, immer noch eine Fud nach der anderen, um hinter das Geheimnis zu kommen, das sie verbirgt.)

Ich blickte auf eine haarlose Welt. Gerade der Umstand, daß das Mädchen noch nicht behaart war, reizte, wie ich glaube, die Einbildungskraft, trug dazu bei, die dürre Gegend, die den geheimnisvollen Ort umgab, zu bevölkern. Uns lag weniger an dem, was drinnen verborgen war, als an dem zukünftigen Pflanzenwuchs, der nach unserer

Vorstellung eines Tages dieses sonderbare wüste Land verschönern würde.

Je nach der Jahreszeit, dem Alter der Mitspielenden, dem Ort und anderen, komplizierteren Faktoren schienen, wenn ich jetzt darüber nachdenke, die Geschlechtsteile gewisser kleiner Geschöpfe ebenso wechselvoll zu sein wie die sonderbaren Wesen, welche den Geist erfinderischer Okkultisten bevölkern. Was sich unserem für Eindrücke empfänglichen Geist darbot, war eine namenlose Reihe von Trugbildern, die wirklich, berührbar, denkbar, aber namenlos waren, denn sie standen in keiner Verbindung mit der Welt der Erfahrung, in der alle Dinge einen Namen, einen Ort und ein Datum haben. So stellten wir uns vor, daß gewisse kleine Mädchen (unter ihren Röcken verborgen) so sonderbare Dinge hatten wie Magnolien, Kölnisch-Wasser-Flaschen, Samtknöpfe, Gummimäuse und wer weiß was sonst noch. Daß jedes kleine Mädchen einen Spalt hatte, war natürlich allgemein bekannt. Aber dann und wann ging ein Gerücht, die und die hätte gar keinen. Eine andere wurde als «Morphoditin» bezeichnet. Das war ein seltsamer und schreckenerregender Ausdruck, den niemand klar definieren konnte. Manchmal bedeutete er, daß das Mädchen doppelgeschlechtlich war, manchmal auch etwas anderes – wie zum Beispiel, daß dort, wo der Spalt sein sollte, in Wirklichkeit ein gespaltener Huf oder eine Reihe Warzen waren. *Besser war's, es sich gar nicht erst zeigen zu lassen*. . . Das war die vorherrschende Meinung.

Sonderbarerweise waren wir in jener Zeit überzeugt, daß einige unserer kleinen Spielkameradinnen grundschlecht, das heißt angehende Hürchen oder liederliche Frauenzimmer waren. Einige besaßen schon einen gemeinen Wortschatz, der sich auf dieses geheimnisvolle Reich bezog. Andere, so glaubten wir, täten verbotene Dinge, wenn man ihnen ein kleines Geschenk oder einige Kupfermünzen gäbe. Andere wiederum, und das darf ich ja nicht vergessen, wurden als Engel angesehen, darunter taten wir es nicht. Sie waren in der Tat so engelgleich, daß keiner von uns auf den Gedanken kam, sie könnten einen Spalt besitzen. Nein, nein, diese engelhaften Wesen machten nicht einmal Pipi.

Ich erwähne diese frühen Charakterisierungsversuche, weil ich später im Leben, als ich die Entwicklung einiger jener «lockeren Mädchen» verfolgen konnte, von der Genauigkeit unserer Beobachtungen beeindruckt war. Gelegentlich fiel auch einer der Engel in den Rinnstein und blieb dort liegen. Gewöhnlich hatten sie jedoch ein anderes Schicksal. Einige führten ein unglückliches Leben, entweder weil sie den falschen Mann heirateten oder überhaupt keinen Mann bekamen, einige wurden von geheimnisvollen Krankheiten befallen, andere von ihren Eltern zu Tode gequält. Viele, die wir «liederlich» genannt hatten, erwiesen sich später als ausgezeichnete, fröhliche, anpassungsfähige, edelmütige Wesen, als brave treue Seelen, obwohl sie oft gerade deshalb hart mitgenommen wurden.

Als wir größer wurden, stellte sich eine andere Art Neugier ein, nämlich das Verlangen, herauszufinden, wie «die Sache» funktionierte. Zehn- oder zwölfjährige Mädchen wurden oft verleitet, die groteskesten Stellungen einzunehmen, um zu zeigen, wie sie Pipi machten. Die geschicktesten, so hörte man, sollten sich auf den Boden legen und bis zur Decke hinauf pissen können. Einige wurden bereits beschuldigt, Kerzen – oder Besenstiele – zu benützen. Wenn die Unterhaltung auf dieses Thema kam, wurde sie ziemlich intim und kompliziert. Sie strömte ein Aroma aus, das stark an

die Atmosphäre der frühen griechischen Philoso-
phieschulen erinnerte. Logik, will ich damit sagen,
spielte dabei eine größere Rolle als Empirismus.
Das Verlangen, die Tatsachen mit dem nackten
Auge festzustellen, wurde einem noch stärkeren
Trieb untergeordnet, und dies war, wie ich jetzt
erkenne, weiter nichts als das Bedürfnis, alles bis
zum Letzten durchzuquatschen, das Thema ad
nauseam zu erörtern. Der Intellekt verlangte leider
schon seinen Tribut. Wie «die Sache» funktionierte,
das interessierte nicht mehr so sehr wie das *warum*.
Mit der Entwicklung des Erkenntnisvermögens
setzte auch der Kummer ein. Unsere bisher so na-
türliche und wunderbare Welt begann sich von
den Ankertauen zu lösen. Von nun an war nichts
mehr absolut, alles konnte bewiesen – oder wider-
legt werden. Das Haar, das sich jetzt auf dem geheiligten Mons Veneris auszubreiten begann, war
abstoßend. Selbst die kleinen Engel bekamen Pik-
kel, und es gab sogar welche, die zwischen den
Beinen bluteten.

Die Masturbation war weit interessanter. Im
Bett oder im warmen Bad lag man in seiner Phantasie mit der Königin von Saba zusammen oder
noch besser mit einer Varieté-Königin, deren quä-

lend verführerischer Körper, der überall anziehend zur Schau gestellt war, jeden Gedanken durchdrang. Man fragte sich, was diese Frauen, denen auf den Fotos die Röcke über den Kopf flogen, taten, wenn sie auf der Bühne erschienen. Manche sagten, sie zögen ungeniert und frech ihre prächtigen Kostüme bis auf das letzte Läppchen aus und hielten ihre Männerfallen einladend den Zuschauern hin, bis die Matrosen zum Sturm auf die Bühne ansetzten. Oft, so hieß es, müßte man den Vorhang herunterlassen und die Polizei holen.

Mit den Mädchen, mit denen wir zu spielen pflegten, stimmte etwas nicht. Sie waren nicht mehr die gleichen. Tatsächlich veränderte sich alles, und zum Schlimmeren. Die Jungen verschwanden einer nach dem anderen von der Bildfläche, sie mußten arbeiten. Die Schule war ein Luxus und den Kindern der Reichen vorbehalten. Draußen «in der Welt» aber war nach allem, was man hörte, der reinste Sklavenmarkt. Ja, die Welt stürzte um uns zusammen. *Unsere* Welt.

Zum erstenmal hörten wir von Gefängnissen, Besserungsanstalten, Heimen für streunende Mädchen, Irrenhäusern und so weiter. Aber bevor alles auseinanderbrach, konnte vielleicht doch noch ein wunderbares Ereignis eintreten. Eine Party, nichts weniger. Ein Party, auf der jemand sehr Reizendes, jemand kaum mehr als ein Name, sicher erscheinen würde.

Mir kommen diese Geschehnisse jetzt wie jene sagenhaften Bälle vor, die einer Revolution vorangehen. Man ging mit der Erwartung hin, übermäßig glücklich zu sein, glücklicher als je zuvor, aber man hatte auch das Vorgefühl, es würde etwas Unheimliches passieren, etwas, das unser ganzes Leben beeinflussen sollte. Ein geheimnisvolles Flüstern ging einem solchen Ereignis voraus, sowohl bei den Eltern wie auch bei den älteren Brüdern und Schwestern und ebenso bei den Nachbarn. Jeder schien mehr von unserem geheiligten Gefühlsleben zu wissen als möglich und erlaubt war. Die ganze Nachbarschaft schien plötzlich an unseren unbedeutendsten Handlungen interessiert zu sein. Man wurde beobachtet, bespitzelt, hinter unserem Rücken wurde über uns gewispert. Unser Alter war auf einmal etwas ganz Wichtiges. Die Art, wie die Leute sagten: «Er ist jetzt fünfzehn!», ließ die verwirrendsten Schlüsse zu. Es hatte den Anschein, als bereite sich ein Puppenspiel vor, eine Schau, in der wir die lächerlichen Marionetten waren, über die man sich lustig machen, die man dazu bringen konnte, unberechenbare Dinge zu sagen und zu tun.

Nach Wochen ängstlichen Wartens kam dann endlich der große Tag. Auch das Mädchen kam – im letzten Augenblick. Gerade als alles sich gut anließ, als nichts mehr nötig war – wofür? – außer einem Wort, einem Blick, einer Gebärde, entdeckte man zu seinem Entsetzen, daß man steif geworden war, daß die Füße an der Stelle, wo sie sich seit unserem Eintreffen im Saal befanden, Wurzeln geschlagen hatten. Vielleicht einmal während des ganzen Abends gab die Angebetete ein kleines Erkennungszeichen. Ihr näher zu kommen, ihren Rock zu streifen, den Duft ihres Atems einzuziehen, was für ein schwieriges, was für ein ungeheures Unterfangen! Die anderen bewegten sich anscheinend frei nach ihrem Belieben. Das einzige aber, was er und sie ausrichten konnten, war, langsam um so uninteressante Gegenstände wie das Klavier, den Schirmständer oder den Bücherschrank herumzugravitieren. Nur zufällig schien das Schicksal sie dann und wann etwas näher aufeinander zuzulenken. Aber selbst dann, selbst wenn all die geheimnisvollen, bis zum Platzen geladenen

Anziehungskräfte sie scheinbar aufeinander zu-schoben, kam im letzten Augenblick immer etwas dazwischen und trieb sie wieder auseinander. Was die Sache noch schlimmer machte: die Eltern benahmen sich auf die roheste Weise, stießen und schubsten die Paare umher, hüpften wie Ziegen, machten plumpe Bemerkungen, stellten verfängliche Fragen, kurz, benahmen sich wie Verrückte.

Der Abend ging mit einem allgemeinen Händeschütteln zu Ende. Manche gaben sich sogar einen Abschiedskuß. Was für eine Kühnheit! Wem der Mut fehlte, sich so gehenzulassen, wer mit anderen Worten ein tiefes Gefühl in sich verbarg, ging in dem allgemeinen Geschiebe und Gedränge verloren. Niemand bemerkte seine Betrübnis und Verlassenheit. Er war einfach nicht vorhanden.

Zeit zu gehen. Die Straßen sind leer. Der Jüngling wandert heimwärts. Nicht das kleinste Zeichen von Ermüdung. In gehobener Stimmung, obgleich sich in Wirklichkeit nichts ereignet hat. Die Party ist sogar ein glänzendes Fiasko gewesen. Aber sie war gekommen! Er hatte den ganzen Abend seine Augen schwelgerisch auf ihr geweidet. Einmal hatte er beinahe ihre Hand berührt. Ja, es ist nicht auszudenken! *Beinahe!* Wochen können vergehen, vielleicht Monate, ehe ihre Pfade sich wieder kreuzen. (Wie, wenn ihre Eltern es sich einfallen ließen, in eine andere Stadt zu ziehen? So etwas kommt vor.) Er versucht, es für immer seinem Gedächtnis einzuprägen – wie sie die Augen niederschlug, wie sie sprach (mit anderen), wie sie lachend ihren Kopf zurückwarf, wie ihr Kleid sich an ihre schlanke Gestalt schmiegte. Dies alles geht er Stück für Stück durch, Augenblick für Augenblick, von der Zeit an, da sie eintrat und jemand hinter ihm zunickte, ohne ihn selbst zu sehen – oder vielleicht erkannte sie ihn nicht. (Oder war sie zu schüchtern gewesen, seinen feurigen Blick zu erwidern?) Sie gehörte zu den Mädchen, die nie ihre wahren Gefühle enthüllten. Ein geheimnisvolles Geschöpf, das einem entschwebt, wenn man es fassen will. Wie wenig kannte sie, wie wenig kannte jeder die ozeanischen Gefühlstiefen, in denen er versank!

Verliebt sein. Ganz allein sein . . .

So beginnt es . . . der süßeste und bitterste Kummer, den man je erfahren kann. Der Hunger, die Einsamkeit, die der Einweihung vorausgehen.

Selbst im lieblichsten roten Apfel ist ein Wurm verborgen. Langsam, aber unbarmherzig frißt der

Wurm den Apfel auf. Bis nichts mehr übrig ist als der Wurm.

Und das Kerngehäuse auch? Nein, das Gehäuse bleibt zurück, wenn auch nur als Idee. Daß jeder Apfel ein Gehäuse hat, genügt das nicht, aller Ungewißheit, jedem Zweifel und jeder Befürchtung ein Gegengewicht zu bieten? Was bedeutet ihm die Welt, was sollen ihm die Leiden und der Tod ungezählter Millionen, was macht es, wenn alles vor die Hunde geht – solange nur *sie*, das Herz aller Dinge übrigbleibt! Selbst wenn er sie nie wiedersehen sollte, steht es ihm doch frei, an sie zu denken, im Traum mit ihr zu sprechen, sie zu lieben, sie von weitem zu lieben, sie immer und ewig zu lieben. Niemand kann ihn daran hindern. Nein, niemand.

Wie ein aus Millionen von Zellen zusammengesetzter Körper wächst, wächst und wächst der Kummer, nährt sich von sich selbst, erneuert seine Millionen Ichs, wird die Welt und alles, was da ist, oder das Rätsel, das darauf Antwort gibt. Alles verblaßt außer der Qual. *Die Dinge sind so, wie sie sind!* Das ist die schreckliche, die ewige Qual . . . Zu denken, daß man sich nur umzubringen braucht – und das Rätsel ist gelöst! Aber *ist* das eine Lö-

sung? Ist sie nicht ein wenig lächerlich? Moralischer Selbstmord ist soviel leichter. Sich dem Leben
anpassen, wie man sagt. Nicht dem, was sein *sollte*.
Sei ein Mann! Später merkt man natürlich, daß
«ein Mann sein» etwas ganz anderes bedeutet.
Der Tag wird sicher heraufdämmern, an dem es
nur allzu klar wird, daß nur wenige den Titel
Mann verdienen. Je klarer dies einem wird, desto
weniger Männer findet man. Halte hartnäckig an
dem Gedanken fest, und du endest oben auf den
Firnen des Himalaja, um dort zu entdecken, daß
das Mann genannte Wesen erst noch geboren werden muß.

Während sich diese männliche Anpassung an die
Wirklichkeit vollzog, schien die weibliche Welt
eine prismatische Veränderung zu erleiden. Wenn
man an diesem Punkt seiner Entwicklung ange-
langt ist, stößt man auf jemanden, der mehr Erfahrung hat, der «Frauen kennt». Dies ist der realistische Einfaltspinsel, der Bleib-mit-den-Füßen-
auf-der-Erde-Typ, der glaubt, man würde eine
Frau kennen, wenn man bei ihr schliefe. Durch
zahllose Zusammenstöße mit dem anderen Geschlecht hat er das Ansehen eines erfahrenen Mannes gewonnen. Er trägt eine psychologische Perücke,

könnte man sagen. Bei einer wirklichen Frau, bei einem wirklichen Erlebnis muß diese Art Mensch genauso lächerlich wirken wie ein alter Mann, der versucht, jung zu erscheinen. Die Perücke wird zum Brennpunkt der Aufmerksamkeit.

Ich erinnere mich an einen Burschen, der während dieser Übergangszeit mein ständiger Gefährte war. Ich weiß noch, wie grotesk er sich bei Frauen aufführte und wie seine Bocksprünge mich beeindruckten. Ständig warnte er mich, mich ja nicht Hals über Kopf zu verlieben, das hieße, dem Unheil den Hof zu machen. Sich nie einer Frau ganz hingeben! So nahm er sich meiner an und versuchte, mir beizubringen, wie man sich bei Frauen benehmen muß. Er zeigte mir, wie man sich bei einer Frau *natürlich* aufführt – so nannte er es.

Sonderbarerweise kam es bei diesen Abenteuern immer wieder vor, daß die Frau, die er so kavaliermäßig behandelte, sich in *mich* verliebte. Ich brauchte nicht lange zu der Entdeckung, daß die Gegenstände seiner Aufmerksamkeiten von seinem großsprecherischen Benehmen durchaus nicht eingenommen waren. Das ging aus der Art, wie diese «Beutetiere» auf ihn eingingen und ihn bemutterten, nur zu deutlich hervor. Seine Meinung, er verstände, mit Frauen umzugehen, war nur eine Selbsttäuschung. Dieser «Mann von Welt» war für sie, wie ich sah, nur ein Kind, obgleich er sie im Bett zum Wiehern, Schluchzen und Stöhnen bringen konnte oder sie in einen Zustand versetzte, in dem sie sich in stummer Verzweiflung an ihn klammerten. Er hatte eine Art, sich schnell zu verabschieden wie ein Feigling, der den Rückzug gar nicht abwarten kann. «Eine Fud ist eine Fud», pflegte er zu sagen, womit er versuchte, seine Angst zu verbergen, und dann kratzte er sich hinter den Ohren und fragte sich laut, ob es denn nicht eine, nur eine einzige Fud gäbe, die anders wäre.

Wie sehr ich auch von einer Fud angezogen wurde, ich war immer mehr an der Person interessiert, die sie besaß. Eine Fud führte kein getrenntes, unabhängiges Dasein. Nichts ist für sich unabhängig. Alles hängt zusammen und ist miteinander verbunden. Vielleicht ist eine Fud, so sehr sie auch riechen mag, eines der Hauptsymbole für den Zusammenhang aller Dinge. Durch die Vagina tritt man ins Leben, das ist ein ebenso guter Weg wie jeder andere. Wenn man tief genug eindringt, lange genug bleibt, wird man finden, was man sucht. Aber man muß mit Herz und Seele eindringen und genau darauf achten, was man draußen läßt. (Hiermit meine ich Ängste, Vorurteile, abergläubische Vorstellungen.)

Die Hure hat hierfür ein feines Verständnis. Deshalb ist sie bereit, ihre Seele zu geben, wenn man ein bißchen gut zu ihr ist. Die meisten Männer, die zu einer Hure gehen, geben sich nicht einmal die Mühe, den Hut und den Rock abzulegen, bildlich gesprochen. Kein Wunder, daß sie so wenig für ihr Geld bekommen. Eine Hure kann, wenn man sie richtig behandelt, die edelmütigste aller Seelen sein. Ihr einziger Wunsch ist, sich ganz hingeben zu können, nicht nur ihren Körper.

Wir streben alle gewinnsüchtig nach Geld, Liebe, Stellung, Ehre, Respekt, selbst nach göttlicher Gunst. Etwas für nichts zu bekommen, scheint das summum bonum zu sein. Sagen wir nicht: «Komm, laß dir einen Fick verpassen!»? Sonderbare Redensart. Als wenn jemand einen Fick verpaßt kriegen könnte, ohne ihn auch zu geben. Selbst in diesem unteren Bezirk menschlicher Gemeinschaft herrscht die Ansicht vor, ein Fick sei etwas, das man bekommt und nicht gibt. Oder, wenn das Gegenteil betont wird – «Donnerwetter, was für einen Fick ich ihr verpaßt habe!» –, wird darin der

Gedanke, zum Austausch auch etwas bekommen zu haben, verdunkelt. Kein Mann und keine Frau können sich rühmen, einen guten Fick ausgeteilt zu haben, wenn er oder sie nicht auch einen solchen bekommen hat. Sonst kann man ebensogut einen Hafersack ficken. Und genau das geschieht auch meistenteils. Du gehst mit einem Stück Schwanz zum Metzger, und er macht ihn dir zu Hackfleisch. Manche sind verrückt genug, ein erstklassiges Steak zu verlangen, wenn sie nur ein bißchen Hackfleisch haben wollen.

Fick-fack! Ja, aber das ist nicht der einfache Zeitvertreib, den man sich gewöhnlich vorstellt. Oft möchte man Genaueres über das Verhalten Primitiver wissen. Man fragt sich, wie wohl der Geschlechtsverkehr mit Tieren sein mag (Haustieren natürlich). Wenige nur sind vollkommen überzeugt, daß sie alles wissen, was man über die Sache erfahren kann. Manchmal, nach Jahren sogenannten Geschlechtsverkehrs, fängt ein Ehepaar an zu experimentieren. Manche Ehegatten wechseln für eine Nacht oder länger ihren Partner. Und dann und wann hört man von den Lippen eines Reisenden sonderbare Geschichten von geheimnisvollen Verrichtungen, von gewaltigen Leistungen, die

tail and he chops it into a thin hash for you. Some people are even crazy enough to buy a porterhouse steak when they want a bit of chopped meat.

There's a sneaking suspicion in the minds of many, men and women, of course, that this fucking business is a mysterious thing, that it isn't just a matter of getting together like (drakes) and (ducks). People are full of wonder about the ways of primitive peoples. Some wonder how it would be to go with animals. Few people seem to be completely satisfied that they know all there is to know about the business. Sometimes, after years of seemingly natural intercourse, a husband and wife will begin to experiment: Sometimes husbands and wives exchange partners for a night, or for longer. And now and then one hears strange tales from a traveller, tales of mysterious doings, of formidable feats, among those practicing strange forms of religious discipline. The most capable fuckers seem to be those who have intimately related the art to religious practices. The man of God is secretly prized above the gladiator.

Most young men don't get the chance to enjoy the luxury of devoting themselves to metaphysical speculation; they get whisked out into the world and are made to assume responsibilities before they have had the opportunity to discover anything about themselves. I shoved myself out into the world at an early age, saw that I had made a big mistake and, after floundering about for a couple of years, decided to break loose and give myself a chance. I tried to lead a natural life, an life outdoors in which there was no place for books or things of the mind. I failed. I came back to the city

unter Beobachtung seltsamer ritueller Formen vollbracht werden. Die Meister der Kunst haben fast immer eine strenge geistige Disziplin durchgemacht. Selbstdisziplin ist der Schlüssel zu ihren Heldentaten. Kurz, der Mann Gottes scheint den Sieg über den Gladiator davonzutragen.

Die meisten jungen Leute haben nie Gelegenheit, sich den Luxus einer langen und oft fruchtlosen metaphysischen Spekulation zu leisten. Sie werden in die Welt hinausgeschleudert und es werden ihnen Pflichten aufgeladen, bevor sie die Möglichkeit gehabt haben, sich (in den Himmeln des Denkens) jenen Geistern zu nähern, die sich im Kampf mit den ewigen Problemen verzehrt haben. Auch ich drängte mich vorzeitig hinaus, erkannte aber bald meinen Irrtum und beschloß dann, nachdem ich eine Zeitlang ratlos umhergeirrt war, mir eine Chance zu geben. Ich warf mein Geschirr ab und bemühte mich, natürlich zu leben. Das mißlang mir. Zurück in die Fron und in die Arme der Frau, die ich loswerden wollte. Einen endlosen Winter lang schlief ich auf dem Grund der tiefen Grube, die ich mir selbst gegraben hatte. Ich schlief wie ein Bär. Und in meinem Schlaf war es das Weltproblem, das meine Träume füllte.

Von den rückwärtigen Fenstern der Räume, die meine Freundin und ich bewohnten, konnte ich in das Schlafzimmer derjenigen blicken, die ich liebte, die ich immer lieben wollte. Sie war verheiratet und hatte ein Kind. Damals wußte ich nicht, daß sie in demselben Haus auf der anderen Seite des Hofes wohnte. Niemals ließ ich mir träumen, daß *sie* es war, deren Silhouette ich vor Augen hatte, und so lebte ich im schwärzesten Elend dahin.

Wenn ich es nur gewußt hätte! Wie dankbar wäre ich gewesen, immer vor dem Fenster sitzen zu können, und sei es in Dreck und Schlamm. Nein, nicht ein einziges Mal während dieser quälenden Sitzungen ahnte ich, daß sie dort war, nicht einmal einen Steinwurf entfernt, fast in meiner Reichweite. *Fast!* Hätte ich nur, wenn ich ihren Namen vergeblich rief, daran gedacht, das Fenster zu öffnen. Sie würde mich gehört haben, sie hätte mir sicher geantwortet.

Wenn ich mit der anderen ins Bett kroch, verbrachte ich herzzerbrechende Stunden damit, über die eine nachzudenken, die für mich verloren war. Erschöpft fiel ich in die tiefe Grube zurück. Was für eine scheußliche Art des Selbstmordes! Ich zerstörte nicht nur mich und die Liebe, die mich verzehrte, ich zerstörte alles, was mir in den Weg kam, die Frau, die sich verzweifelt im Schlaf an mich klammerte nicht ausgeschlossen. Ich mußte die Welt vernichten, die mich zu ihrem Opfer gemacht hatte. Ich war wie ein Amokläufer, der eine rostige Axt schwingt und wie wahnsinnig nach rechts und links um sich haut. Alles dies spielte sich in einem Zustand tiefer Schlaftrunkenheit ab.

War *ich* für diese verbrecherischen Taten verantwortlich? Nein! Irgendein Ungeheuer der Tiefe hatte Besitz von mir ergriffen. Wer oder was ich auch geworden war – ich mordete ohne Sinn und Verstand. Und ohne aufzuhören. Selbst in wachem Zustand. Manchmal ertappte ich mich dabei.

Und Tag für Tag – wer würde es glauben? – ging ich mechanisch auf Arbeitssuche. Ich nahm sogar für ein paar Stunden eine Beschäftigung an. Wenn der Abend anbrach, zog ich mich jedoch stets in meine Höhle zurück. Sobald ich in die Nähe dieser Frau kam, überfiel mich eine düstere Ruhe. Da war sie mit ihrer Fud, die immer offen stand, immer auf mich wartete, bereit, mich mit Haut und Haaren zu verschlingen.

Es war eine Qual, die nie zu enden drohte. Die Zeit schleppte sich mit einer Langsamkeit dahin,

die ich nie für möglich gehalten hatte. Zwischen-
räume von fünf Minuten dehnten sich so unerträglich in die Länge, daß ich glaubte, ich würde verrückt werden. Der Mann, der auf die Uhr sah, war
gefesselt und geknebelt. Tausend verschiedene
Wesen zerrten und strampelten in ihm, um sich zu
befreien. Jeder unterdrückte Trieb schien zu einer
geheimnisvollen Quelle zurückzukehren, dort Form
und Substanz anzunehmen, eine elementare Krea-
tur zu werden, ein lebender und schreckenerregender Homunkulus. Der Konflikt zwischen diesen in
meinem schlafwandelnden Körper eingeschlosse-
nen kleinen Ichs nahm phantastische Ausmaße an.
Wenn ich spazierenging, drängten sie sich in einer
Wolke um mich wie Ektoplasma, das allein durch
den Vorgang des Atmens erzeugt wird. Während
des Beischlafs torkelten sie aus mir heraus, als
schüttelte ich Abfall in einen Müllschacht. Sobald
ich die Augen öffnete, waren sie wieder da, ganze
Haufen von ihnen und so lärmend und zudring-
lich wie nur je.

Meine einzige Rettung – eine Wahl hatte ich
nicht mehr – war die Aufgabe meines Ichs. Mit
anderen Worten, ich floh vor mir selbst. Dabei
dachte ich, ich würde vor *ihr* fliehen. Ich kam je-

60

doch nicht weit, weder von mir noch von ihr weg. Ich gab vor, ich sei nach Alaska gereist, aber in Wahrheit war ich nur wenige Häuserblocks entfernt. Ich benahm mich jedoch so, als wäre ich tatsächlich verschwunden. Alaska stellte sich als ein tiefes Bergwerk heraus, in dem ich mich verkroch. Ich blieb lange unten und vergaß Essen, frische Luft, Sonne und menschliche Gesellschaft.

In der Tiefe kam ich in Berührung mit Erdgeistern. So merkte ich, daß die Probleme, die mich in ein unbestimmtes Jenseits versetzt hatten, wo sie wie traumverlorene Zeppeline umherschwammen, von unterirdischer Wesenheit waren. Zur Gesellschaft hatte ich so lebenskräftige Geister wie Nietzsche, Emerson, Thoreau, Whitman, Fabre, Havelock Ellis, Maeterlinck, Strindberg, Dostojewski, Gorki, Tolstoi, Verhaeren, Bergson, Herbert Spencer. Ich verstand ihre Sprache. Bei ihnen fühlte ich mich zu Hause. Es lag kein triftiger Grund vor, warum ich jemals wieder nach oben an die Luft kommen sollte. Ich hatte alles in der Hand. Aber wie ein einsamer Goldsucher, der auf eine vergessene Goldader stößt, mußte ich, so viel ich nur konnte, in die bloßen Hände nehmen und an die Oberfläche kommen, um Beistand zu holen.

Ich mußte unbedingt andere überzeugen, daß solch ein Schatz existierte, sie bitten, mit mir zurückzukehren und so viel davon zu nehmen, wie ihr Herz verlangte.

Die Anstrengung, diese große Entdeckung bekanntzumachen, erwies sich als so groß, daß ich fast den Zweck vergaß, zu dem ich wieder ins Leben zurückkommen wollte. Man sah mich nicht nur ungläubig an und machte mich lächerlich, sondern behandelte mich, als hätte ich den Verstand verloren. Meine engsten und liebsten Freunde erwiesen sich am unzulänglichsten. Dann und wann stieß ich auf einen Fremden, der mich verständnisvoll anhörte, aber aus diesem oder jenem Grunde kamen wir nie ein zweites Mal zusammen. Von solchen Begegnungen blieb der Eindruck zurück, daß wir Herolde aus einer anderen Welt waren, die sich für einen Augenblick berührten, nur um den winzigen Funken des Glaubens am Brennen zu halten.

Als ich schließlich für eine neue «Liebesgeschichte» reif war, fiel ich jeder zur Beute, so zerschunden und benommen war ich. Plötzlich stürzte ich mich in die Welt der Musik. Mit jeder zitternden Pore gab ich mich dieser Macht hin. Die Wirkung war dieselbe, als hätte ich meine Seele in ein türkisches Bad getaucht. Die metaphysischen Vorstellungen, die ich noch besaß, wurden herausgeschwitzt. Bei dem Verfahren verlor ich etwas überflüssiges Fleisch und mit diesem eine Reihe von Hautreizungen.

Mit dieser Frau begann der Krieg der Geschlechter im Ernst. Ihr musikalisches Talent, der Magnet der Anziehungskraft, trat bald an die zweite Stelle. Sie war ein hysterisches, lazives puritanisches Weibsstück, deren Spalte hinter einer verfilzten Haarmatte verborgen lag, die der Felltasche der Bergschotten verteufelt ähnlich sah. Das erste Mal, daß meine Finger in Berührung mit ihr kamen, war an einem Abend in der ersten Zeit unserer Bekanntschaft. Sie hatte sich, um sich aufzuwärmen, auf dem Heizkörper ausgestreckt. Sie hatte nur einen seidenen Morgenrock an. Der Haarbusch zwischen ihren Beinen stand so deutlich sichtbar empor, daß es beinahe aussah, als hätte sie einen Blumenkohlkopf unter ihrem Morgenrock versteckt. Zu ihrer Verblüffung und ihrem Entsetzen griff ich danach. Sie war so aus dem Häuschen, daß ich dachte, sie würde aus der Haut fahren. Mir blieb nichts anderes übrig, als meinen Hut und den Mantel zu nehmen und davonzustürzen. Auf dem Flur oben an der Treppe holte sie mich ein; sie zitterte immer noch, war noch benommen, wollte mich aber offenbar nicht so überstürzt gehen lassen. Unter einer flackernden Gasflamme hielt ich sie in den Armen und tat mein Bestes, sie zu beruhigen. Sie dankte mir mit warmen Umarmungen. Ich zog daraus den Schluß, daß alles wieder in bester Ordnung sei. (In ein paar Minuten, so dachte ich, bin ich wieder in ihrem kleinen, gemütlichen Zimmer und raspele Süßholz.) Ich knöpfte so diskret wie möglich meinen Mantel auf und öffnete meinen Hosenschlitz. Dann nahm ich sanft ihre Hand und schloß sie um meinen Türklopfer. Das war der Höhepunkt. Zusammenschauernd löste sich ihre Hand, und sie brach in einen Weinkrampf aus. Ich ließ sie auf dem Flur stehen, sprang in großen Sätzen die Treppe hinunter und floh auf die Straße. Am folgenden Tag erhielt ich einen Brief von ihr, in dem sie mir mitteilte, sie hoffe, mich nie wiederzusehen.

Ein paar Tage später jedoch war ich aufs neue bei ihr. Wieder streckte sie sich auf dem Heizkörper aus, wieder nur mit dem seidenen Morgenrock angetan. Diesmal benahm ich mich etwas taktvoller. Wie zufällig ließ ich meine Finger über den Morgenrock gleiten. Ihr dicker Haarbusch schien elektrisch geladen zu sein; die Haare standen steif und stachlig hoch wie ein Drahtschwamm. Während ich sie so wie geistesabwesend streichelte, mußte ich ein munteres Geplauder über Musik und andere erhabene Gegenstände in Gang halten. Ich dachte mir, durch einen solchen listigen Umweg würde ich ihr beibringen, daß wir uns einem harmlosen Zeitvertreib hingäben. Später zeigte sie mir in der Küche einige Kunststücke, die sie im Internat gelernt hatte. Diese akrobatischen Verrenkungen dienten natürlich dazu, ihre Figur von der besten Seite zu zeigen. Jedesmal, wenn sich ihr Morgenrock öffnete, zeigte sich das wuchernde Haargestrüpp, das ihr geheimer Stolz war. Ich litt Tantalusqualen, um mich milde auszudrücken.

In dieser Weise ging die Sache einige Wochen weiter, bevor sie sich vergaß. Aber selbst dann gab sie sich nicht völlig hin. Als sie sich das erstemal hinlegte, wollte sie unbedingt, ich sollte es durch ihren Morgenrock versuchen. Sie hatte nicht nur eine Todesangst, schwanger zu werden, sie wollte mich auch auf die Probe stellen. Sie dachte sich, wenn ich allen ihren Lüsten und Launen nachgäbe, würde sie mir in allen Dingen über den Weg trauen können.

Allmählich, sehr allmählich begann sie wie ein normaler Mensch zu reagieren. Manchmal besuchte ich sie mitten am Tage. Ich mußte immer die Entschuldigung vorbringen, ich möchte sie Klavier spielen hören. Nie konnte ich einfach hereinkommen und sie hernehmen. Wenn ich mich in die Ecke setzte und ihr aufmerksam zuhörte, unterbrach sie ihr Spiel mitten in einer Sonate, kam von selbst zu mir und duldete, daß ich meine Hand an ihrem Bein hinaufgleiten ließ und bestieg mich schließlich. Bei dem Orgasmus bekam sie manchmal einen Weinkrampf. Wenn sie es bei hellem Tageslicht tat, stellte sich bei ihr immer ein Schuldgefühl ein. (In Worten drückte sie das so aus, der Akt schade ihrer Fingerfertigkeit beim Klavierspielen.) Je besser jedenfalls der Fick war, desto elender fühlte sie sich nachher. «Für *mich* hast du nichts übrig», sagte sie oft, «du bist nur auf Sex aus.» Durch tausendfache Wiederholung wurde diese Behauptung eine Tatsache. Ich hatte sie bereits satt, als wir unser Verhältnis legalisierten.

Ein paar Monate nach unserer Heirat kam ihre

Mutter zu kurzem Aufenthalt. Ich hatte schon viel von ihrer Mutter gehört, meistens Abträgliches. Offenbar hatten die beiden sich nicht sehr gern gemocht. Zusammen mit der Mutter trafen ein Pudel, ein Vogel und einige große Koffer ein. Sonderbar, wir konnten es gleich von Anfang an sehr gut miteinander, die Mutter und ich. Sie war eine anziehende Frau in mittleren Jahren, üppig, mitteilsam, herrlich duldsam und, wenn auch nicht sehr gescheit, so doch verständnisvoll. Mir gefiel, wie sie summend und pfeifend die kleinen Hausarbeiten in Angriff nahm. Kurzum, sie war «natürlich». Ihre in meinen Augen unbedeutenden Fehler waren durchaus menschlich und verzeihlich. Wie gesagt, wir kamen prächtig miteinander aus, was bedauerlich war, weil das eheliche Leben dadurch noch schwieriger wurde.

Als ihr Aufenthalt bei uns sich dem Ende näherte, mußten wir ihr versprechen, daß wir ihren Besuch bald erwidern würden. «Ihr habt ja noch keine Hochzeitsreise gemacht», meinte sie lachend.

Mir war der Gedanke an einen Urlaub, welches auch der Vorwand sein mochte, sehr willkommen. Ich wußte aber, daß ich, wenn ich ihn wirklich bekommen wollte, mich uninteressiert stellen mußte.

Meine Taktik war so erfolgreich, daß ich bald das geheime Vergnügen hatte, meine Frau mit bittenden und schmeichelnden Worten mich zu der Reise ermuntern zu hören.

Die Wohnung ihrer Mutter war wie ein Puppenhaus, alles piekfein, sauber, hell und heiter. Sogar die Stadt war schön, und die Nachbarn waren freundliche und gastliche Leute. Mein Schwiegervater nahm mich aufs freundlichste auf, so daß ich mich gleich heimisch fühlte. Er war ein einfacher, von Problemen unbeschwerter Mann.

Die Hochzeitsreise hatte vielversprechend begonnen.

Morgens lagen wir noch stundenlang im Bett. Die Sonne strömte durch die offenen Fenster, die Vögel sangen wie verrückt, und in der Küche brutzelten auf bloßen Anruf der Schinken und die Eier in der Pfanne. Die Eifersucht, welche die Mutter, ohne es zu wollen, während ihres Aufenthalts bei uns in der Tochter erweckt hatte, schien verschwunden. Die Tochter gab sich jetzt mit ganzem Herzen der Fickerei hin, als wenn der Umstand, wieder unter dem elterlichen Dach zu sein, ihr eine lang erwartete Absolution verschafft hätte. Für eine so prüde Ziege, wie sie war, ließ

The city she lived in was rather beautiful too and the neighbors
were very friendly and hospitable. We used to go from
house to house playing and singing. Her father too was
a fine chap a simple, well-meaning fellow who adopted
me immediately. Mornings we would lie abed till all
hours, the sun streaming in through the windows, the
birds singing, flowers everywhere, and in the kitchen
the bacon and eggs sizzling on the stove in the frying pan. When the wife
saw how well I got along with her old man she sort of
lost her feeling of jealousy towards her mother. She
gave herself up to the fucking whole-heartedly, almost
as though being under the parental roof she was
privileged to enjoy special protection. For a prudish
bitch such as she was she certainly let herself go to
her heart's content there. Sometimes it seemed to me
that she was throwing herself at me just to show her
mother that she had as much sexual powers of attrac-
tion as any one else. She even acted flirtatiously with
her mother's friends, the men friends who used to
drop in of an afternoon when the husband was at work.
She seemed to forget that I had ever looked at her
mother with an approving eye. She got careless and
would ear off for hours, leaving me to stay at home
and amuse her mother.

The inevitable happened of course. One morning
when the mother and I were left alone the mother decided to take a bath. I was still in my pajamas sitting
in the parlor, reading the morning paper. It was a sunny
day and the birds chirping like wild. I could hear her mother
splashing about in the tub, humming to herself in that
low niggerish way she had of using her voice. She got

— 35 —

sie wirklich die Zügel locker. Manchmal hatte ich das Gefühl, daß sie sich mir an den Hals warf, nur um ihrer Mutter zu beweisen, daß sie eine ebenso große sexuelle Anziehungskraft besäße wie jedes andere weibliche Wesen, ihre Mutter eingeschlossen. Sie flirtete sogar eifrig mit den Freunden ihrer Mutter, einer kleinen Gruppe fescher Kavaliere, die immer um ihre Mutter herumscharwenzelten, wenn diese nur mit dem kleinen Finger winkte. Sie schien vergessen zu haben, daß ich ihre Mutter schon einmal ins Auge gefaßt und für gut befunden hatte. Sie wurde so sorglos, daß sie mich hin und wieder stundenlang mit ihrer Mutter allein ließ, während sie in der Stadt umherstrolchte.

Das Unvermeidliche trat natürlich ein. Eines Morgens, als sie uns allein gelassen hatte, kam es der Mutter in den Sinn, ein Bad zu nehmen. Ich saß, noch in meinem Schlafanzug, im Wohnzimmer und überflog lässig die Morgenzeitung. Es war ein warmer, sonniger Tag, die Vögel trillerten wie wild. Ich konnte die Mutter in der Badewanne plätschern hören, wobei sie in dieser bezaubernden niggerhaften Art vor sich hinsummte, die mein Blut in Wallung brachte. Meine Gedanken konzentrierten sich so stark auf sie, daß meine

Hände anfingen zu zittern. Plötzlich hörte ich sie nach einem Badetuch rufen. Ich holte es, rieb sie von oben bis unten ab, nahm sie dann auf die Arme und trug sie ins Schlafzimmer. Ich brauche es kaum zu sagen: sie war ein wunderbares Schwanz-stück.

Nun waren die Flitterwochen erst richtig im Zuge. Ich tanzte wie ein verliebter Zeisig umher, behüpfte zuerst die Tochter und dann die Mutter. Alles ging eine Weile wie geschmiert, und jeder war in bester Stimmung. Über Nacht schien die Tochter dann plötzlich eifersüchtig geworden zu sein. Sie bestand jetzt darauf, daß wir sofort nach Hause fuhren. Ich zeigte natürlich keine große Begeisterung dafür. Das Quengeln und Streiten begann von neuem und wurde immer bissiger.

Wir stritten so heftig miteinander, daß wir uns schließlich entschlossen, uns zu trennen. Jeder von uns sollte seinen eigenen Weg gehen. Wir verließen das Haus gemeinsam, sagten uns am Ende des Häuserblocks Lebewohl und schlugen verschiedene Richtungen ein.

Als ich ein paar Tage später die Hauptstraße einer benachbarten Stadt hinunterbummelte, lief ich ihr direkt in die Arme. Sie fing an zu weinen,

gleich auf der Straße, und erklärte, ich hätte sie
nie geliebt – nie. Im nächsten Atemzug bat sie
mich, sie auf ihr Zimmer zu begleiten, das sie sich
in einer Pension gemietet hatte. Sie wollte die
Sache mit mir besprechen. Sie sagte das so, als sei
es höchst dringend. Da ich mir meiner Schuld bewußt war, willigte ich ein. (Nicht daß ich dachte,
es würde zu irgend etwas führen.)

Zu meiner Überraschung sagte sie nichts über
ihre Mutter, sie sprach nur von sich selbst, was für
ein elendes Leben sie gehabt und wie niemand sie
jemals verstanden hätte. Sie wünsche Liebe, nicht
Sex, und dabei hingen wir schon zusammen. Als
es vorüber war, blieben wir dort liegen, wohin
wir gerollt waren – unter den Tisch. Ihre Augen
waren rot und geschwollen, ihr Haar hing wirr
herunter. Sie sah aus wie der leibhaftige Liebes-
kummer. Wieder fing sie an, von ihrem armen,
mißverstandenen Ich zu sprechen und wollte wissen, ob ich glaubte, «sie tauge nichts». Aus ihrem
Mund hörte sich das so lächerlich an, daß ich nicht
wußte, was ich antworten sollte. Dann zog sie
über ihre Mutter los, wie sie immer gefürchtet
habe, sie würde sich eines Tages wie diese auffüh-
ren. Ich solle doch zugeben, daß ihre Mutter nichts

wert sei, und sie nahm mir das Versprechen ab, sie nie wiederzusehen, was ich gerne zusagte, wobei ich noch hinzusetzte, es sei kein Grund zur Unruhe vorhanden, ihre Befürchtungen seien sinnlos usw. Mit anderen Worten, ich gab ihr süßen Syrup ein.

Daheim entdeckte sie dann zu ihrem Schrecken, daß sie schwanger war. Das führte eine schwere Gemütsverstimmung herbei. Sie wollte kein Kind, jetzt jedenfalls noch nicht. Sie wollte auch keinen Abortus. Sie war starr vor Angst; hatte Angst vor allem, wie mir schien.

Verzweifelt machte ich den Vorschlag, ihre Cousine zu Rate zu ziehen, die ich von einem kurzen Zusammensein her kannte und die mir gut gefiel. Alice, so hieß sie, hatte eine realistische Lebenseinstellung. Nach dem Urteil meiner Frau «taugte» auch sie nichts, aber in einer so argen Klemme darf man nicht zu wählerisch sein.

Wir hatten keine Mühe, Alice zu überreden, uns behilflich zu sein. Sie kam sofort und brachte gleich eine Schachtel mit großen schwarzen Pillen mit, ein uraltes Hausmittel. Zu den Pillen waren Senfbäder zu nehmen und sonst noch dies und jenes.

An einem schwülen Sommerabend kam Alice

zu uns. Wir zogen uns alle drei aus, saßen im Dunkeln bei einem Krug Bier und machten Witze über die Lage. Unter dem Einfluß des warmen Biers warf Alice bald jede Scheu ab. Sie setzte sich mir auf den Schoß und begann, mich leidenschaftlich zu küssen. Ich mußte meine Frau bitten, sie wegzuziehen.

Als Alice wieder ging, hätte meine Frau sie am liebsten erwürgt. Die Pillen wollte sie natürlich nicht nehmen.

Je länger wir zusammenlebten, desto schlimmer wurde es. Wir hatten falsch angefangen, und nichts konnte den Fehler wieder ausgleichen. Jede Freundin oder Bekannte, die meine Frau hatte, konnte zur Verräterin werden. Ihr Stolz und Argwohn reizten mich immer mehr. Selbst wenn ich mit dem Kinderwagen ausfuhr, ließ sie mich nicht aus den Augen. Sie hatte allerdings guten Grund, immer auf der Hut zu sein, wie ich zugeben muß. Oft ging ich wie ein Unschuldslamm mit dem Kinderwagen aus dem Haus, um mich mit einer ihrer Freundinnen zu treffen. Manchmal ließ ich den Wagen mit dem Kind vor einem Miethaus stehen, nahm die Freundin mit hinein, unter die Treppe, um ihr schnell einen zu verpassen. Oder wenn wir

Gäste zu Hause hatten, ging ich mit einer ihrer Freundinnen fort, um etwas zu essen oder zu trinken zu kaufen, und unterwegs drückte ich sie gegen einen Zaun und tat, was ich konnte. Hätte man mich nicht schließlich mit heruntergelassener Hose erwischt, so würde ich die arme Frau zum Wahnsinn getrieben haben, glaube ich. Es war einfach abscheulich, wie ich sie behandelte, aber ich konnte mit dem besten Willen nicht anders. Sie hatte etwas an sich, was einen dazu verleitete, auf die verächtlichste Weise mit ihr umzugehen.

Das Sonderbare an ihr war, daß sie sich sogar sehr verführerisch machen konnte, wenn sie wollte. Sie hätte eine gute Striptease-Künstlerin abgegeben. Als ich sie nach der Ehescheidung wöchentlich einmal besuchte, um den Unterhaltsbeitrag abzuliefern, wurde sie jedesmal verlockender. Sie zog sich immer gerade an, wenn ich eintraf, oder war dabei, ein Bad zu nehmen oder kam gerade aus dem Bad, um ein paar Minuten auf dem Diwan zu ruhen, und dabei war sie natürlich in einen ihrer reizvollen Seidenkimonos gehüllt.

Nach der Ehescheidung kamen wir etwas besser miteinander aus. Wir konnten uns wenigstens unterhalten. Wir konnten sogar eine Spur Sympathie füreinander zeigen und vermochten auch den Humor der Situation zu genießen. Es war wie ein Zustand dauernden Waffenstillstands. Ein Außenstehender hätte sogar glauben können, daß wir uns wieder von neuem den Hof machten. Es gab jedoch einen Unterschied: als ich sie früher umworben hatte, verhielt sie sich prüde, jetzt aber entfaltete sie geschickt ihre geschlechtlichen Reize, wenn sie sich auch nicht gehenließ. Wenn sie mir zum Beispiel ein Krümchen vom Hosenschlitz wegbürstete, sprang sie nicht mehr angstvoll davon, wenn sie dabei entdeckte, daß ich eine Erektion hatte. Nun ging sie manchmal sogar so weit, ein wenig spielerisch hinzudrücken, wobei sie auf ihre spröde Weise bemerkte, ich solle mir nur ja nichts einbilden. Sie sagte das aber in einem freundlichen und nicht zu beiläufigen Ton, als wenn sie mir beibringen wollte, daß, wenn ich wirklich brav wäre – das heißt, mich auf meine Hinterpfoten stellte und ordnungsgemäß darum bettelte –, sie mir gewisse Freiheiten gestatten würde, auf deren Gewährung zu hoffen ich keinen rechtmäßigen Grund hätte. Das Wichtigste war, ich mußte immer daran denken, behutsam vorzugehen. (Faß es nur an, wenn du willst, aber tu es wie ein Gentleman!) Nein, ich sollte ja nicht denken, daß ich sie wie einen Fußabtreter behandeln könnte, weil wir einmal Mann und Frau gewesen waren.

Natürlich wurden die Dinge nach solchen stundenlangen Liebeleien ziemlich kompliziert. Nach und nach vertieften wir die anatomischen Studien an ihr immer mehr. Eine Beule an ihrem Schenkel bedurfte einer eingehenden Besichtigung, oder es bestand die Gefahr, daß sie in den Hüften zu breit wurde, so daß ich ihre Hinterbacken mit den Händen wiegen mußte und dergleichen Unsinn mehr. Diese Untersuchungen wurden möglichst in die Länge gezogen, und sie ließ sie mit echter oder gespielter Schamhaftigkeit über sich ergehen. Ich mußte wissen, wie ich sie anzusehen, wie ich sie zu berühren, wie ich ihre Brüste oder die schweren Hinterbacken zu wiegen hatte. Wenn ich ihre Wade mit dem richtigen Gefühl – oder soll ich sagen: mit dem nötigen Respekt? – behandelte, konnte sie möglicherweise den Rock hochheben und meine Hände auf ihren fleischigen Schenkeln dulden. Aber wenn ich den Fehler beging, ohne gebührliches Vorspiel nach ihrem Schamhaarbusch zu greifen, fiel der Vorhang für den ganzen Tag nieder. Es war qualvoll und demoralisierend. Aber was es noch schlimmer machte: ich kam eigentlich, um das Kind zu besuchen, doch bald nach meinem Kommen wurde es weggeschickt. Manchmal auch kehrte es früher als vorgesehen zurück und fand uns in einem leidenschaftlichen Ringkampf begriffen. Diese Manöver hatten etwas Finsteres und Unheilvolles an sich. Genau wie sie gelernt hatte, ihr Geschlecht ins Feld zu führen, brachte sie nun auch das Kind ins Spiel. Ich hatte Sehnsucht nach dem Kind und Verlangen nach ihrer buschigen Fud, die sie ständig wie einen Köder vor meinen Augen hin und her bewegte.

Am schlimmsten war das Abschiednehmen. Jedesmal, wenn ich mich zum Gehen anschickte, schien der Boden unter ihr nachzugeben. Draußen im Vestibül, beim Verabschieden, schien sie immer zu allem bereit. Offenbar hoffte sie insgeheim, ich würde die andere Frau aufgeben und wieder mit ihr zusammenleben, wenn sie mir auch nicht recht über den Weg traute. Ihre Verwirrung und Verzweiflung vermehrten sich, weil wir uns sexuell noch zueinander hingezogen fühlten. Wenn es im Dunkel des Vestibüls zum Abschiedskuß kam, wurde die Spannung unerträglich. Ich konnte alles mit ihr machen – nur den Tröster nicht hineinstecken. In enger Umarmung, stöhnend und keuchend standen wir eine endlose Zeit da und zehrten uns langsam auf. Manchmal bestand sie darauf, ich sollte mich waschen. Eine sonderbar nüchterne Überlegung! Als wollte sie sagen: du willst dich doch nicht auf frischer Tat ertappen lassen! Sie stand dann neben mir am Ausguß, beobachtete eingehend die Prozedur und strich dann nervös mit sozusagen ätherischen Bewegungen über meinen Mantel.

Während einer dieser langen zerfleischenden Umarmungen im Vestibül – der letzten! – wurde sie von so heftiger Erregung ergriffen, daß sie plötzlich in Schluchzen ausbrach, ein herzzerreißendes Schluchzen. Sie stieß mich mit ganzer Kraft von sich, flüchtete in ihr Zimmer und warf sich auf den Boden. Ich war nicht fähig, mich von der Stelle zu bewegen, und hörte mir entsetzt diesen wilden und nicht zu beschwichtigenden Ausbruch an. Es hätte nicht viel gefehlt, so wäre ich zu ihr hingestürzt und hätte schmählich kapituliert («Ich will alles tun, *alles,* nur sei um Himmels willen ruhig!»). So stand ich ein paar Augenblicke, glücklicherweise unentschlossen, aber bis ins tiefste erschüttert.

In diesen paar Augenblicken machte ich ein wahres Martyrium durch.

Sie muß von meinem Schwanken gewußt und das letzte Quentchen Willenskraft zusammengenommen haben, um mich zu halten. Aber es gelang ihr nicht.

«*Weiter!*» rief ich mir zu. «Weiter um jeden Preis!»

Und damit rannte ich davon. Auf der Straße begann ich zu laufen, aus Furcht, sie könnte mich doch noch zurückholen. Ich lief, während mir die Tränen das Gesicht hinunterrannen.

Als ich mich meiner Wohnung näherte, bekam ich einen neuen Tränenausbruch, diesmal vor Freude. Ich freute mich, die gefunden zu haben, die ich wahrhaft liebte. Freute mich, daß ich ein neues Leben angefangen hatte. Das Bild der sich auf dem Boden windenden Hysterikerin verblaßte. Das alles lag Millionen Jahre zurück, hatte sich in einem anderen Leben ereignet. Ich konnte nur an die eine denken, die auf mich wartete. Ich kam an einem Blumenstand vorbei und überlegte, ob ich einen Veilchenstrauß mitnehmen sollte oder nicht.

Als ich die Treppe hinaufstieg, wiederholte ich mehrmals: «Nie wieder! Nie wieder!»

Ich öffnete die Tür und rief ihren Namen. Keine Antwort. Auf dem kleinen Tisch brannte eine Lampe, darunter war ein Stück Papier zu sehen. Ich wußte sofort, daß etwas nicht stimmte.

Es war genau, wie ich gedacht hatte. Eine kurze Notiz besagte, sie sei für einige Tage verreist, sie könne es so nicht mehr aushalten. Ich solle nicht versuchen, sie zu finden. Sie käme zurück, sobald sie wieder Mut gefaßt hätte. Keine Vorwürfe.

Ich ließ mich auf einen Stuhl fallen, umklammerte den Zettel, dessen Inhalt ich schon auswendig wußte. Zu meinem Erstaunen fühlte ich nichts. Ich verharrte einfach unbeweglich. Ich konnte nur leeren Blickes auf die Wand starren. So hätte ich endlos dasitzen können. Ich hätte mich in einen Stein verwandeln können, so sehr waren Gedanken, Wille und Gefühl von mir gewichen.

Plötzlich spürte ich, daß ich nicht mehr allein war. Langsam wie eine Pflanze schlug mein Blick eine andere Richtung ein. Dort stand sie, in den Türrahmen eingefaßt. Einige lange Augenblicke stand sie so da, eine Hand am Türgriff, als wolle sie das Bild ein für allemal ihrem Geist einprägen. Dann stürzte sie impulsiv auf mich zu und warf sich mir zu Füßen. Kein Wort wurde gesprochen.

kept repeating

saying to myself — Never again, never again! ~~It was~~
~~unfair, cruel — to the both of them. I wanted to get~~
~~in there with her and bury myself there in her warm love.~~

I opened the door and called her name. There was
no answer. A lamp was burning on the little table.
~~There~~ was a piece of paper ~~lying~~ underneath the lamp.
Before ~~I even picked it up~~ I knew what it said. She
couldn't stand it any more. She had gone away for a
few days — I was not to try to reach her. She would
come back ~~when she had more~~ courage. No reproaches.
Just that she wasn't big enough to be all that. I expected her to be. ~~I flopped~~ into a chair, ~~holding~~ the note in
my hands, and to my ~~surprise~~ I ~~found~~ that I ~~had no~~
~~feeling whatever.~~ I was numb. I sat there a long time
staring vacantly at the wall. I ~~hadn't removed my hat or~~
~~and coat.~~ I might have sat ~~on~~ like that for ~~eternity.~~
I might have turned into a rock, ~~I was that~~ drained
of all feeling or emotion. ~~Then~~ Suddenly I ~~felt~~ that
I was not alone ~~in the room. I turned round~~ Slowly, my
~~body and senses still numb and there~~ by the door, I
saw her standing. She stood ~~like that,~~ with her hand
on the door knob, for several long moments, as though
to ~~grasp~~ the picture once and for all, ~~and~~ then im-
pulsively she rushed to my side and flung herself at
my feet. ~~We didn't speak. We just sat~~ and looked into
each other's eyes. A long, long ~~time it went on~~ —
a silence more eloquent than ~~anything~~ I have ever
known. ~~Everything~~ we were powerless to utter voiced
itself through this ~~weird,~~ frantic, mute ~~language of the~~
~~eyes. It was~~ the most revelatory ~~and~~ the most pain-
ful communication ~~I ever established with another~~

— 43 —

imaginable.

Wir blickten uns nur in die Augen. Lange, sehr lange dauerte es. Ein beredteres Schweigen hatte ich noch nie kennengelernt. Alles, was wir in Worten nicht äußern konnten, prägte sich in diesem hingebungsvollen, stummen Austausch von Blicken aus.

Ich weiß nicht, wie und wann ich aus diesem Trancezustand erwacht bin. Wenn ich in diesem Augenblick zu dem Ort, an dem sich diese Szene abspielte, zurückkehren könnte, würden wir sicher noch dort sein, nur wären die Augen aus ihren Höhlen genommen, ihre Augen in meine und meine Augen in ihre eingelassen.

Mit dem Sprung nach Paris veränderte sich das ganze Bild. Überall Männer und Frauen, aber in Paaren. Gutes Essen, gute Weine, gute Betten. Die Boulevards, die Cafés, die Märkte, die Parks, die Brücken, die Bücherstände. Und Unterhaltung! Und Bänke, um sich auszuruhen. Und Zeit zum Träumen, wenn man wollte . . .

Als erstes fällt einem in Paris auf, daß Sex in der Luft liegt. Wohin man auch geht, was man auch tut, man findet gewöhnlich eine Frau neben sich. Überall sind Frauen, wie Blumen. Man fühlt sich wohl, wie neugeboren. Man schmilzt zusammen, wühlt sich in die Erde, glüht wie ein Glühwürmchen. Die sexuelle Promiskuität, in der die Amerikaner gerne leben, macht sie, wie es scheint, nicht leichtherzig. Sie schließt sie nicht auf. Sonderbar, wenn man Amerikaner über die Französinnen sprechen hört. Als wenn sie alle halbe Huren wären. Welche wirren Vorstellungen haben sie von der wahren Beziehung zwischen Liebe und Sexus.

Ein Franzose würde ohne Scham eingestehen, daß er sich in eine Hure verliebt hätte. Es würde ihn vielleicht schließlich aus dem Häuschen bringen, aber er würde die Situation nie so ansehen wie ein Amerikaner. Wenn er verrückt würde, so aus Liebe und nicht wegen moralischer Skrupel. Ein Amerikaner andererseits kann sich so überlegt und beabsichtigt emanzipieren, daß er alles vergißt, was eine Frau zu bieten hat – außer ihren Körper. Er behandelt eine ungewöhnliche Frau wie eine Hure und verliebt sich Hals über Kopf in eine dumme Gans. Oder er fällt seiner Sentimentalität zum Opfer und behandelt eine Hure wie eine Königin, ob sie einen Tripper hat oder nicht. Er kann sogar die Liebe ganz aus seinem Leben entfernen, aus Furcht, für romantisch gehalten zu werden. Die größte Angst hat er davor, sich mit Leib und Seele hinzugeben. Daher ist die Amerikanerin häufig ein nach Liebe hungerndes Geschöpf, das Unmögliches verlangt. Ein Mann kann sich für sie zu Tode arbeiten, um ihre dummen Launen zu befriedigen. Läßt man ihr aber die Zügel frei, so wird sie wahrhaft unersättlich.

Paris ist einer jener Orte, wo die Amerikanerin wie eine läufige Hündin umherschleicht. Sie mag nach Liebe suchen, aber ein sexuelles Erlebnis nimmt sie immer mit. Der Ausländer würzt das Gericht, das sie noch nie gekostet hat. Er kann ihr die Illusion der Liebe geben und sie zufriedenstellend erscheinen lassen. Ich habe eine amerikanische Opernsängerin in Paris gekannt, die sich in einen jungen Türken verliebt hatte. Sie wußte, daß er sie nur wegen des Geldes fickte, das sie an ihn verschwendete, aber sie hatte ihn gern, sie liebte die Art, wie er mit ihr umging, wenn er sie umwarb. Sie hatte einen nach ihrer Aussage guten und rücksichtsvollen Mann, der aber in Liebesdingen nie viel wert gewesen war. Nicht, daß er gleichgültig oder impotent gewesen wäre. Nein, er hatte sie wirklich gern und glaubte in seiner naiven

Art, sie liebe ihn auch. Er wußte wohl, was sie dazu trieb, zweimal jährlich ins Ausland zu verreisen. Er schloß einfach die Augen vor der Wahrheit.

Einen solchen Mann nennt man mitunter einen leibhaftigen Teufel. Für mich ist er nur ein Kuppler, der sich selbst betrügt. Was man auch gegen die Frau eines solchen Individuums sagen mag, es machte sie einem nur noch sympathischer. Bei der geringsten Gelegenheit bietet eine Frau sich mit ihrem ganzen Wesen dar. Sie handelt instinktiv. Nicht so der Mann! Ein Mann wird gewöhnlich in bezug auf Liebe, Sex, Politik, Kunst, Religion usw. von allen möglichen verwirrenden Vorstellungen geplagt. Bei einem Mann ist immer alles verschwommener als bei einer Frau. Er braucht die Frau, wenn auch zu keinem anderen Zweck, als um mit sich wieder ins Gleichgewicht zu kommen. Manchmal ist nur ein guter, sauberer, gesunder Fick nötig, um das fertigzubringen. Ja, manchmal braucht es nur einen ehrlichen Fick, um die Vorstellung zu zerstreuen, daß die Leitung der Weltangelegenheiten nicht ausschließlich unter *seine* Verantwortung fällt. Männer haben eine Art, die Dinge eher ernst als tragisch zu nehmen.

Sie blicken immer über ihre Nase hinaus nach etwas Wichtigerem, als was direkt vor ihnen liegt. Liebe, wenn sie vorkommt, ist etwas, was sozusagen hinter den Kulissen geschehen muß. Das wirkliche Drama findet für sie immer auf der Weltbühne statt.

Das Drama der Zweisamkeit, das jedermanns Drama und dazu noch ein äußerst wichtiges ist, tritt nur in das Bewußtsein des Mannes, wenn er sich mit einer Ehescheidung befaßt. Hat er mitten im hitzigen Ehekampf gestanden, so vergleicht er wohl die Ehe mit einer leibhaftigen Hölle. Er muß verallgemeinernde Behauptungen aufstellen, die Sache zu einem Weltproblem machen. Wenn die Frau zu leiden hatte, wird er sagen, daß sie ihn nicht verstanden hat oder daß nichts mit ihr anzufangen war. Oder er schiebt die Schuld unserem fehlerhaften Wirtschaftssystem zu. Nur wenige Männer scheinen fähig zu sein, ihre Beziehung zum anderen Geschlecht als einen schöpferischen Kampf aufzufassen. (Der Kreis, und in ihm nur Yin und Yang, wie wundervoll!)

Ja, Liebe ist der Magnet, der zwei Gegenpole zueinander führt. Was sie zusammenhält, danach fragt niemand. Dafür wird die Liebe schon sor-

gen. Und sie tut das – indem sie eines natürlichen Todes stirbt.

Wir wollen nicht von den Überbleibseln der Liebe sprechen. Jeden Sonntag kann man sie auf dem Boulevard sehen, wie sie soundso viele an die elterlichen Schwänze gebundene Konservenbüchsen hinter sich herziehen.

Liebe ist das Drama der Vollendung, der Einswerdung. Persönlich und grenzenlos führt sie zur Befreiung von der Tyrannei des Ichs. Sexus ist unpersönlich und kann mit Liebe identifiziert werden oder auch nicht. Das Sexuelle kann die Liebe stärken und vertiefen oder zerstörend wirken.

Mir scheint es, daß der Sexus am besten verstanden worden und zum Ausdruck gekommen ist in der heidnischen Welt, bei den Primitiven und auf dem Gebiet der Religion. Im ersten Fall wurde er auf die ästhetische Ebene erhoben, im zweiten auf die magische und im dritten auf die geistige. In unserer Welt, in der nur noch die bestialische Ebene vorhanden ist, bewegt sich das Sexuelle im leeren Raum.

Wir werden mehr und mehr Neutren, mehr und mehr asexuell. Hierfür ist die wachsende Vielfalt

on the aesthetic, the religious and the magical planes. In our world, ~~which is purely mechanistic,~~ there is room neither for the personal, the aesthetic, nor the cathartic. Like the machine which symbolizes our way of life, sex functions in a void. It ~~is sterile~~ and isolate. ~~It is the arch symbol of~~ impotence. It creates suffering, because it involves us ~~emotionally, and as~~ emotional beings ~~we are crippled.~~ It is as if the machine suddenly began to show feeling; it ~~throws a~~ monkey wrench ~~into~~ the works. We ~~have promiscuity but no liberation. It plunges us deeper into death.~~ Despite all the ~~man~~ ifestations of a greater sexual freedom, ~~our lives have actually become~~ a-sexual. Sex ~~has been~~ dislocated, it functions independently. The increasing variety of ~~perversions is an~~ eloquent testimony ~~of this~~ fact. The killer, as pathological specimen, is an alarming off-shoot of the degeneration which is ~~at the very root of our life.~~ The killer is a type who ~~can find no way of making a real contact with the world other than by destroying what he loves.~~ It is the last desperate effort of the thwarted emotional self. ~~He unites with his fellow man by spilling blood.~~ He unites with him in death.

There are all kinds of killers among us. The type who ~~is condemned~~ to the ~~chair is only~~ the ~~supreme expression~~ of a world which is frighteningly large. In a ~~way~~ we are all killers ~~and~~ our whole way of life is ~~based on killing.~~ Never has there been a world so avid for security — and never has life been more insecure. To protect ourselves ~~against our own murderous instincts, which are rooted in fear,~~ we devise the most ~~colossal schemes and instruments against death,~~ which,

perverser Verbrechen ein beredtes Zeugnis. Der Mörder, als pathologische Abart, ist ein beunruhigender Schößling der entarteten Gesellschaft, die ständig die soziale Struktur des Volkes unterminiert. Verkümmert in seinem Gefühlsleben kann er nur mit seinem Mitmenschen Kontakt aufnehmen, indem er dessen Blut vergießt.

Es gibt alle Arten von Mördern unter uns. Der Typ, der schließlich seinen Weg zum elektrischen Stuhl findet, ist nur der Vorläufer einer erschreckenden, ständig wachsenden Schar von Verbrechern. In einem gewissen Sinn sind wir alle Mörder. Unser ganzer Lebensweg führt durch gegenseitige Metzeleien. Nie zuvor hat die Welt so nach Sicherheit verlangt, und nie ist das Leben unsicherer gewesen. Zu unserer Sicherheit erfinden wir höchst phantastische Zerstörungswerkzeuge, die sich dann als Bumerangs erweisen. Niemand scheint an die Macht der Liebe zu glauben, die einzige verläßliche Macht. Niemand vertraut seinem Nachbarn oder sich selbst, geschweige denn einem höchsten Wesen. Furcht, Neid, Habgier und Argwohn erheben überall ihre Fratzen. Ergo, fick dir das Mark aus den Knochen, solange es noch Zeit ist!

Einige Menschen führt der Sexus zur Heiligkeit, für andere ist er der Weg zur Hölle. In dieser Hinsicht ist er wie alles andere im Leben, sei es eine Person, ein Ding, ein Ereignis oder eine Beziehung. Alles hängt von unserem Gesichtspunkt ab. Um das Leben schöner, reicher, tiefer und befriedigender zu gestalten, müssen wir auf jedes dazu beitragende Lebenselement mit frischen, klaren Augen sehen. Wenn wir uns dem Sexus gegenüber falsch verhalten, dann stimmt auch etwas nicht in unserer Haltung gegenüber dem täglichen Brot, gegenüber Geld, Arbeit, Spiel, kurzum, allem gegenüber. Wie kann jemand ein gutes Geschlechtsleben führen, wenn er anderen Seiten des Lebens gegenüber eine verkrampfte, ungesunde Haltung einnimmt?

Es ist schwierig, ja fast absurd, Menschen mit verkümmertem Gefühlsleben klarzumachen, daß vor allem der Ausdruck der eigenen Persönlichkeit wichtig ist. Nicht, was man oder wie man es ausdrückt, sondern einfach sich selbst ausdrücken. Man möchte sie gern dazu drängen, keinen Versuch zur Selbstbefreiung zu unterlassen. Oft hat man uns gesagt, nichts wäre an sich schlecht oder böse. Nur die Furcht, unrecht zu tun, die Angst vor dieser oder jener Handlung ist schlecht. «Furcht heißt, nicht zu säen wegen der Vögel.»

Heute scheinen wir fast ausschließlich von Furcht belebt zu sein. Wir fürchten sogar, was gut, was gesund oder freudebringend ist. Und was ist ein Held? In erster Linie ein Mensch, der seine Furcht überwunden hat. Man kann in jedem Bereich ein Held sein. Wir erkennen ihn jedesmal, wenn er erscheint. Seine einzigartige Tugend besteht darin, daß er mit dem Leben, mit sich selbst eins geworden ist. Er hat aufgehört, zu zweifeln und zu fragen und dadurch den Fluß und den Rhythmus des Lebens beschleunigt. Der Feigling dagegen sucht den Fluß des Lebens aufzuhalten. Er hält jedoch nur sich selbst auf. Das Leben geht weiter, gleichgültig ob wir als Feiglinge oder als Helden handeln. Das Leben hat uns, wenn wir uns das nur merken wollten, keine andere Lehre zu erteilen, als es fraglos hinzunehmen. Alles, vor dem wir unsere Augen verschließen, vor dem wir davonlaufen, das wir verleugnen, anschwärzen oder verachten, wird schließlich zu unserer Niederlage beitragen. Was scheußlich, schmerzlich oder übel erscheint, kann ein Quell der Schönheit, Freude und Kraft werden, wenn wir ihm mit aufgeschlossenem Geist gegenübertreten. Jeder Augenblick führt für den, der die Gabe hat, ihn zu erkennen, Gold im Munde. Das Leben geht jetzt vor sich, in jedem Augenblick, mag die Welt auch voll von Tod sein. Der Tod triumphiert nur im Dienst des Lebens.

Beim Lesen meiner Bücher, die rein autobiographisch sind, sollte man daran denken, daß ich mit einem Fuß in der Vergangenheit schreibe. Beim Erzählen meiner Lebensgeschichte habe ich häufig die chronologische Folge zugunsten der kreis- oder spiralförmigen Erzählform außer acht gelassen. Die zeitliche Folge, die in linearer Art ein Ereignis mit dem anderen in Beziehung setzt, ist nach meiner Ansicht eine schlechte Nachahmung des wahren Lebensrhythmus. Die Taten und Ereignisse, welche die Kette unseres Lebens bilden, sind nur Ausgangspunkte auf dem Wege unserer Selbstentdeckung. Ich habe mich bemüht, den inneren Gang der Entwicklung darzustellen, dem potentiellen Wesen zu folgen, das ständig von seiner Bahn abgelenkt wurde, das um sich selbst kreiste, das für lange Strecken langsam dahintrottete, zu Boden sank oder vergeblich versuchte, die einsamen trostlosen Gipfel zu erreichen. Ich habe versucht, die wesentlichen Augenblicke zu erhaschen, in denen das, was in ihnen geschah, tiefe Veränderungen erzeugte. Der Mann, der die Geschichte erzählt, ist nicht mehr jener, der die berichteten Ereignisse erlebte. Verdrehungen und Entstellungen sind unvermeidlich, wenn man sein Leben noch einmal lebt. Der innere Zweck einer solchen Entstellung ist natürlich, die echte Wirklichkeit von Dingen und Ereignissen zu erfassen. So kehre ich dann und wann ohne einen *offensichtlichen* Grund zu einem Zeitraum zurück, der nicht nur früher liegt als der, um den es sich gerade handelt, sondern zu ihm auch in keiner Beziehung steht. Der verdutzte Leser mag sich fragen, ob diese Rückblenden nicht das Werk einer Laune sind? Wer weiß? Für mich haben sie dieselbe *raison d'être* wie jede Erfindung. Sicherlich sind das Kunstgriffe, aber sie zu analysieren, führt zu nichts. Ein plötzliches Abschweifen, ein langer Umweg durch einen Einschub, ein verrückter Monolog, ein Exkurs, eine Erinnerung, die wie eine Klippe im Nebel aufragt – schon ihr blitzschnelles Auftauchen macht alle Spekulation zunichte.

Kein Lebensweg verläuft schnurgerade. Häufig

halten wir nicht an den Stationen, die im Fahrplan angeführt sind. Manchmal weichen wir von der vorgezeichneten Straße ab. Manchmal verlieren wir den Weg, reisen durch die Luft und verschwinden wie Spreu. Die ausgedehntesten Reisen werden oft unternommen, ohne daß wir uns von der Stelle bewegen. Im Ablauf weniger Minuten durchleben einige die gesamte Lebenserfahrung eines gewöhnlichen Sterblichen. Manche zehren mehrere Leben im Laufe ihres Erdendaseins auf. Manche wuchern wie Pilze, während andere hoffnungslos im Sumpf ihrer Spuren versinken. Was Augenblick für Augenblick in einem Menschenleben vor sich geht, ist für immer unergründlich. Niemand kann das in Vollständigkeit berichten, ein wie begrenztes Stück Leben er auch zu diesem Versuch auswählen mag.

In dieser Aura des Unbekannten findet der wirkliche Kampf statt, der allein mich interessiert. Wenn ich Tatsachen, Ereignisse, Beziehungen, ja selbst triviale Dinge berichte, bemühe ich mich ständig, den Leser auf jenes durchdringende, dunkle, geheimnisvolle Gebiet aufmerksam zu machen, *bei dessen Fehlen sich nichts ereignen könnte*. Selbst in meinen schriftstellerischen Anfängen war ich mir dieser Tatsache, auf die ich angespielt habe, bewußt, wenn auch erst in unklarer Weise. Ich wußte, daß nicht nur mein eigenes Leben, sondern auch das eines jeden Menschen interessant ist (ein schwaches Wort!), wenn man sich die Mühe nimmt, hineinzutauchen. Ich spürte, daß es von Bedeutung war (falsches Wort), wenn ich es erzählte, sowohl für mich wie für andere, die mir ähnlich oder unähnlich sind, weil es lehrreich ist. Schließlich ist die Kunst des Erzählens eine andere Form der Kommunikation mit seinen Mitmenschen. Aber trotz – oder wegen? – meines Ernstes, meiner Beharrlichkeit und meines Fleißes brachte ich nur ein paar Fehlgeburten hervor, die glücklicherweise nie veröffentlicht wurden. Während dieser Lehrzeit stürzten die Ereignisse mit solcher Heftigkeit und in solcher Anzahl auf mich ein, daß der Schriftsteller in mir vollständig von ihnen unterdrückt wurde. Alles, was ich bis zum *Wendekreis des Steinbocks* schrieb, war, wie ich es jetzt sehe, nur ein Bemühen, auf den Weg zu kommen, die lang verzögerte «Beichte» zu beginnen. Mit anderen Worten, ich mußte erst das Eis brechen.

Ich wollte immer nur *ein* Buch schreiben. Den

Plan dieses Werkes entwarf ich schon vor langer Zeit während einer Periode äußerster Drangsal. Während meiner ganzen Wanderschaft habe ich diese Notizen stets sorgfältig aufbewahrt, was in der Tat außerordentlich ist, denn mehrmals verlor ich alles andere. Selbst wenn ich ihrer verlustig gegangen wäre, hätte das nichts ausgemacht, denn alles, was mir je geschehen war, hatte sich in mein Hirn eingebrannt. Die Arbeit an diesem einen und einzigen Buch ist seit vielen, vielen Jahren im Gange – der größere Teil ist bereits im Kopf fertig. Alles andere außer diesem Abschlußband ist bis jetzt im Druck erschienen. Welche Form das ganze Gebäude am Ende bekommen wird, weiß ich noch nicht.

Wenn ich mein Leben wieder und wieder durchlebe, sehe ich, daß die hervorspringenden Punkte *Augenblicke*, nicht Tatsachen sind. Augenblicke und Örtlichkeiten, und oft Blicke, gewisse unvergeßliche Ausdrücke, die das menschliche Antlitz nur ein- oder zweimal im Verlauf einer Lebenszeit zeigt. Was Zeitfolge, Ursache und Vorgang anbelangt, so bleibt das Verzeichnis wie die Geschichte selbst undeutlich und rätselhaft. Jeder schreibt seine eigene Geschichte der Weltereignisse. Wenn es möglich wäre, die Beichte zu vergleichen, würden wir zu unserem Entsetzen entdecken, daß das Historische weder Realität noch Echtheit besitzt, daß die Vergangenheit, ob sie nun privater oder universaler Natur ist, ein undurchdringliches Dikkicht ist.

Mit biographischen Aufzeichnungen ist es so ziemlich dasselbe. Unsere Irrwege bilden ein Labyrinth, das endlose Auslegungen zuläßt. Nur wenige dringen bis zum Herzen des Labyrinths vor. Dem Minotaurus entgegenzutreten und ihn erschlagen zu wollen, heißt, selbst erschlagen werden. So wird die Vergangenheit zunichte gemacht und die Zukunft auch. Nichts, was geschehen ist, nichts, was geschehen kann oder wird, hat noch Bedeutung genug, uns niederzudrücken. Ein herzzerbrechendes Ereignis zu erzählen wird zu einer so fröhlichen Angelegenheit wie eine gute Darmfunktion – oder eine Reise zum Mond. Warum dann überhaupt etwas erzählen? Warum fortfahren? Weil es ein kostenloses Vergnügen ist. Ist es so schrecklich, ein Leben ohne Bücher und ohne das Büchermachen zu führen, ohne Sex, ohne menschliche Gesellschaft zu leben? Selbst ein Schriftsteller kann das, wenn er weiß, wie er mit sich selbst leben soll. Das ist es, was ich meine: Ich habe gelernt, mit mir selbst zu leben. Und Gefallen daran gefunden[3].

Wir gehen unserer Wege und stellen uns vor, die Welt müsse so und so beschaffen sein. Wir bewegen uns gedankenlos vor einem Panorama, das sich kaleidoskopartig verändert. Und während wir so dahinschlendern, tragen wir mit uns tote Bilder von lebendigen Augenblicken der Vergangenheit. Bis zu dem Tage, an dem wir *ihr* begegnen. Plötzlich ist die Welt nicht mehr dieselbe. *Alles* hat sich verändert. Aber wie kann sich die Welt im Augenblick ändern? Es ist ein Erlebnis, das wir alle kennen, aber es bringt uns der Wahrheit nicht näher. Wir klopfen weiter an, damit uns aufgetan werde . . .

Einmal sah ich ein Bild von Rubens, wie er aussah, als er seine junge Frau heiratete. Sie waren zusammen abgebildet – sie saß, und er stand hinter ihr. Nie kann ich das Gefühl vergessen, das dieses Bild mir einflößte. Ich tat einen langen, tiefen

3 «Dieu est le grand solitaire qui ne parle qu'aux solitaires et qui ne fait participer à sa puissance, à sa sagesse, à sa félicité que ceux qui participent, en quelque manière, à son éternelle solitude.» Léon Bloy

Blick in die Welt der Erfüllung. Ich konnte Rubens' Kraft fühlen, der damals in der Blüte des Lebens stand; ich konnte das Vertrauen spüren, das seine sehr junge und liebliche Gefährtin in ihm erweckte. Ich fühlte, daß ein überwältigender innerer Vorgang stattgefunden haben mußte, den der Maler Rubens für immer in diesem Bild ehelichen Glückes festhalten wollte. Ich kenne seine Lebensgeschichte nicht und weiß daher nicht, ob er später glücklich mit ihr lebte oder nicht. Was nach dem festgehaltenen Augenblick geschah, ist für mich unwichtig. Mein Interesse gehört ganz diesem Augenblick, der für mich so bewegend und erregend war. Er haftet in meinem Geist unveränderlich frisch.

Ebenso weiß ich, daß gewisse Dinge, die ich in Worten berichtet habe, wahr und unauslöschlich sind. Was mir oder «ihr» später geschah, ist von geringer Bedeutung.

Manchmal ist die Wiedergabe eines Geschlechtsakts in seiner ganzen Nacktheit von großer Wichtigkeit, ist mit unvorstellbarer Bedeutung geladen. Das kalte Feuer des Sexus brennt in uns wie eine Sonne; es erlischt nie ganz. Daher kommt es vielleicht, daß eine nackte Beschreibung der körperlichen Umarmung uns manchmal in einen über das Erotische hinausgehenden Zustand versetzen und in uns die Illusion erwecken kann, dem Auge des Allsehenden, wenn auch nur für ein paar atemlose Augenblicke, entronnen zu sein.

Wenn wir einmal an die unaufhörliche Tätigkeit denken, welche die Erde und den Himmel um uns antreibt, würden wir uns dann jemals Todesgedanken hingeben? Wenn wir uns tief bewußt wären, daß selbst im Tode diese rastlose Tätigkeit unaufhörlich weitergeht, würden wir uns dann irgendwie zurückhalten? Die alten Götter kamen einst zur Erde, um sich mit dem Menschengeschlecht zu vermischen; sie verkehrten geschlechtlich mit Tieren und Bäumen und mit den Elementen selbst. Warum sind wir so voll Hemmungen? Warum geben wir uns nicht nach allen Richtungen aus? Aus Angst, uns zu verlieren? Ehe wir uns nicht verloren haben, besteht keine Hoffnung, uns zu finden. Wir gehören der Welt an, und um ganz in sie einzutreten, müssen wir uns zuerst in ihr verlieren. Der Weg zum Himmel führt durch die Hölle, so sagt man. Welchen Weg wir einschlagen, ist unwichtig, wenn wir nur aufhören, vorsichtig aufzutreten.

Sexus und Tod ... Ich sehe, wie häufig ich sie miteinander paare. Wenn ich versuche, mir eine Zeit vorzustellen, da das Leben wirklich überschäumte, denke ich ans Mittelalter. In unserer westlichen Geschichte gibt es keine Zeit, in der der Tod so vor der Türe stand und das Leben zugleich so voll und reich war. Drei Jahrhunderte lang wurde Europa von dem «schwarzen Tod» verheert. Das Ergebnis? Einmal eine gewaltige religiöse Inbrunst. Dann eine erotische Revolution. Unaufhörliche Begattung. Männer und Frauen stürmen mit ihren sexuellen Werkzeugen den Himmel. *Unmoralisch?* Was für ein leeres Wort! Der Geist des Menschen floß vor dem immer gegenwärtigen Bild des Todes über. Wenn der Hieb tief genug ist, reagiert das ärmste aller Wesen darauf.

«Für den Dichter führt die Endekstase nicht in das Tageslicht Gottes, sondern in die nächtliche Dunkelheit der Leidenschaft.» Manchmal übernimmt das Leben selbst die Herrschaft, schreibt sein eigenes Gedicht über die Ekstase, Unterschrift: «Tod».

Mit der Renaissance kam ein Ausbruch von Übergenies. Der Gärungsstoff, der im Mittelalter teilweise abgeführt wurde – durch das Leben in

religiöser Gemeinschaft –, brach aus wie die Blattern. Das Individuum lief Amok. Wenn man die Porträts der von Kirche und Staat hervorgebrachten großen Gestalten der Renaissance studiert, muß die Bosheit beeindrucken, die in diesen Gesichtern zum Vorschein kommt. In dem unaufhörlichen Krieg aller gegen alle war Mord an der Tagesordnung. Blutschande, besonders in den oberen Schichten, war gewöhnlich; und mit ihr der vergiftete Dolch. Am Ende der englischen Renaissance kam dieses Thema zu krassem Ausdruck in der prachtvollen Tragödie von John Ford: *'Tis Pity She's a Whore*. Hier haucht das Renaissance-Individuum seinen Atem aus.

Das Individuum ist heute praktisch ausgestorben. Heute haben wir den Roboter, das Endprodukt des Maschinenzeitalters. Der Mensch als Zahnrad in einer Maschine, über die er keine Kontrolle hat. Die Maschinenpistole, die der Gangster aus der Sicherheit seiner gepolsterten Festung, einer Limousine, gebraucht, ist symbolisch für das Gefühlsvakuum, in dem Morde heutzutage ausgeführt werden. Das Opfer ist keine einzelne Zielscheibe mehr, außer ihm werden alle anderen, die dem Mörder im Wege stehen, weggeräumt. Was

in rampant individualism.

expression. The great spiritual and social body fell apart, the individual ran amuck. When we look at the portraits of the great figures of this epoch we are impressed by the cruelty and malevolence which is registered in those countenances. A sort of intestinal warfare goes on: assassination is the order of the day. Incest flourished too. In the last period of the English Renaissance we have the most poignant expression of this theme since ancient times in the superbly beautiful and tragic play of John Ford's 'Tis of Pity She's a Whore. It is the last gasp of individualism.

Today the individual is practically extinct. We have now the drama of the robot, the man of the machine age who functions like a cog. The machine gun, the gat which the gangster uses while moving in a fast car, is symptomatic of the great emotional vacuum in which murder of all kinds is committed. The automatic death-dealer shows no discrimination, no selection: it mows down everything in sight. The man and the gun are one: they function in perfect automatic unison. In the Ford play, by way of illustration, a simpleton is dirked in the dark by accident. The effect is powerful, far more powerful than that of the other numerous killings which are perpetrated deliberately. One feels the needless loss of a human life. Today a whole row of men, women and children, of crippled and aged, of babes in arms, can be wiped out by accident, but the effect produced is only that of a passing shudder. Today whole populations are wiped out or driven out of their homes at the whim or caprice of a single tyrant or a military clique, or through the indifference of a great

or rather, through an error of identity.

für ein Gegensatz zu dem Stück von Ford, in dem ein Einfaltspinsel, den man für einen anderen hält, im Dunkeln erstochen wird. Die Wirkung, die dieser Zufallsmord erzeugt, ist größer als die, die von den anderen über das ganze Stück verteilten Morden ausgeht. Der sinnlose Tod selbst eines Tölpels bringt uns aus der Fassung.

Heute werden ganze Volksteile aus ihrer Heimat vertrieben oder ausgerottet, und die Welt muß ohnmächtig zusehen, wenn sie überhaupt dadurch erschüttert wird. Heute bringen uns die Leiden von Millionen weniger in Aufregung als der Brand eines Zoos. Die Welt ist gelähmt von Furcht und Schrecken. Der Mann, der Berechnungen auf lange Sicht anstellen kann, der vergöttlichte Roboter, ist im Sattel. Es ist anscheinend seine Rolle, seine Mission, etwas zu zerstören, das sich nicht selbst zu zerstören vermag, nämlich die Gesellschaft.

Nichts, was in den nächsten Jahren geschehen kann, wird mich im geringsten überraschen. Wenn der weiße amerikanische Mörder sich auf die Hinterbeine stellt und anfängt, zu speien und zu spukken, wird Europa, dieser alte Schauplatz blutigen Gemetzels, wie ein Hafen des Friedens erscheinen.

Wenn die Dämme nachgeben – und sie sind bereits nahe daran –, wird nichts zu phantastisch oder teuflisch sein – zu unaussprechlich grauenhaft –, das nicht geschehen könnte. Schon jetzt ist der Ausdruck auf den amerikanischen Gesichtern, besonders in den Städten, ein erschreckender. Wenn ich das Foyer eines Großstadtkinos betrete, eines der wenigen Plätze, wo man in einer Großstadt Frieden und Einsamkeit finden kann, überwältigt mich immer das völlige Fehlen einer Beziehung zwischen der Umgebung dieser prächtigen Ruhepaläste und der Mentalität jener, die sie mit vieler Mühe schufen. Oft ist mir ein kalter Schauder über den Rücken gelaufen, wenn ich mir den Mann ansah, der neben mir im Pissoir stand.

Sonderbare Orte, diese unterirdischen Bedürfnisanstalten. Dumpf und wie betäubt hat man das Gefühl, daß niemand Notiz davon nehmen und es keine Ruhestörung geben würde, wenn sich jemand nackt auszöge und sich so auf einen der großen Plüschthrone setzen würde, die an den Wänden stehen. Oft habe ich mir eine Szene wie diese vorgestellt: Ein Mann, irgendein gewöhnlicher Mann, sitzt auf seinem Thron und liest ruhig seine Zeitung; im Mund eine ausgegangene Zigarre. Er liest eine Weile und zieht dann den Revolver ab, den er hinter der Zeitung verborgen hält – und der arme Kerl ihm gegenüber, der gerade Venus Anadyomene betrachtete, fällt tot um. Der Mörder steht ohne Eile auf, geht lässig hinaus und faltet dabei die Zeitung mit dem hineingebrannten Loch sorgfältig zusammen und steckt sie, als er nach oben kommt, nachlässig unter den Arm. Gleich darauf ist er in der Menge verschwunden. Kurze Zeit später bleibt er stehen, geht in ein Café, bestellt sich einen Kaffee und einen aus Vollkorn zubereiteten Krapfen. (Auch er glaubt, Vollkorn sei für die Verdauung besser als gewöhnliches Weizenmehl.) Er denkt auch an sein Herz und trinkt den Kaffee nicht zu stark. Ein paar Meter weiter auf der Straße erspäht er in einem Schaufenster eine Krawatte. Eine von dieser Art hatte er schon den ganzen Winter über gesucht. Er geht in den Laden und kauft gleich zwei Dutzend. Da es nicht zu spät ist – er schläft nicht gut –, steuert er auf einen Billardsaal zu. Er ist schon fast dort, da fällt ihm etwas anderes ein. Er will sich lieber «Vom Winde verweht» ansehen.

Auch solche Kerle haben ein Geschlechtsleben. Das beste, das man für Geld haben kann. Das

Sexuelle ist das Horsd'œuvre, das sie zwischen guten Fischzügen einnehmen. Molly bekommt den Cocktail, und wenn er ihr zu Kopf steigt, wird sie gleich abserviert. In dieser Welt ist kein Platz für hysterische Blondinen, die einen betrügen, sobald man den Rücken wendet. Unser einziger Freund ist Pinke-Pinke. Geld! Geld wie Heu. Geld bedeutet Macht. Macht bedeutet, mit dem Mord davonkommen. Mord bedeutet Leben. Ergo, fick dir nicht das Mark aus den Knochen!

Und nun ein paar Worte (eine Klippe im Nebel der Erinnerung) über die 52. Straße. Neulich auf dem abendlichen Heimweg – genau siebzehn Jahre ist es jetzt her, sah ich ein Lokal, «The Torch» genannt. Das Wort klang mir häßlich in den Ohren. (Vielleicht war ich in verzweifelter Stimmung.) Es ließ mich an Paris denken, an die Rue du Faubourg-Montmartre. Ich dachte mir, selbst wenn die Franzosen einem Nachtlokal den Namen «Torch» geben sollten, so würde es doch nicht dieselbe Nebenbedeutung haben wie hier. Sie könnten sogar im Faubourg-Montmartre ein Lokal «The Burning Prick» nennen, ohne daß es besonders auffiel. Jedenfalls würde es in einem Lokal mit solchem Namen lustig und verhältnismäßig

unschuldig zugehen. Es könnte mit Huren, Zuhäl-
tern und Gigolos gefüllt sein, aber man würde
sich doch nicht unbehaglich fühlen. Selbst wenn es
dort von Sperma nur so triefen würde. Das alles
zusammen betrachtet erschiene natürlich und ver-
hältnißmäßig gesund. Möglicherweise ist «The
Torch» ein ebenso fröhlicher und unschädlicher
Ort, aber ich habe so meine Zweifel. Das Wort gefällt mir nicht. Ich mag nicht in ein Kellerlokal
stolpern und dort eine ausgekochte Amerikanerin
mit roter Perücke und Whiskystimme Songs vor-
tragen hören, die einem heiß machen sollen. So
was gefällt mir nicht, mich erst unter Dampf setzen
zu lassen und dann zu entdecken, daß man als
erstes einen kalten Hunderter herausrücken muß,
ehe man dem Feuer auch nur nahe kommt. Mir
sind Fackselsängerinnen zuwider, die sentimental
werden, wenn es Zeit ist, die Ware abzuliefern. Es
bringt mich in Hitze, wenn ich denke, daß eine
«elektrisierende Sängerin» nach Belieben den
Strom abschalten kann. Man kommt sich wie ein
Tobsüchtiger vor, der sich durch Asbest hindurch-
arbeitet.

Ich kann unrecht haben. Es mag ein stilles, harm-
loses Lokal sein, mit sanftem Licht, beruhigenden

Stimmen und seidenweichen Handflächen, in die man die Hundert-Dollarscheine hineinlegt.

Wenn ich an meine Abendspaziergänge durch die angeblich verruchten Straßen von Paris denke – die Rue Pigalle, die Rue Fontaine, die Rue du Faubourg-Montmartre und ähnliche –, wie unschuldsvoll erscheint das jetzt alles! (So wie der Esel zum Bruder Langohr sagt: «In der Abendkühle, wenn die Fickerei beginnt, werde ich dort sein!») Gewiß, überall gab es Hurenhäuser, und auf den Straßen und in den Cafés waren die Huren so dicht beisammen wie Bienenschwärme. Vielleicht gab es auch Wegelagerer und Rauschgifthändler. Und doch war es anders ... *fragt mich nicht, warum!* An der Bar konnte eine Hure, die neben einem stand, es sich einfallen lassen, ihren Rock zu heben und ihr Kätzchen herzuzeigen, ja einen bitten, es zu streicheln, um das Fell zu erproben. Deshalb gab es kein Hallo. Es erfolgte höchstens ein milder Tadel durch die strenge Madame, die an der Kasse saß. Es war eben erlaubt, die Ware vor dem Kauf zu prüfen und abzuschätzen. Anständig und einwandfrei, nicht wahr? Man konnte vielleicht das Verlangen haben, in einen anziehenden Busen hineinzulangen und die appetitlichen Brüste zu streicheln, während die Eigentümerin dieser Auslage ein helles Bier durch die Kehle fließen ließ. Niemand würde sich daran stoßen. Wenn man dann mit ihr zum nahen Hotel ging, bat sie einen vielleicht, einen Augenblick zu warten, während sie sich hinhockte und Pipi machte. Kam ein Polizist vorbei, so sagte er ihr zwar die Meinung, aber er nahm sie nicht mit. Der Anblick einer Frau, die auf offener Straße ihre Notdurft verrichtete, brachte ihn nicht in Weißglut. Auch hinderte einen niemand, ein halbes Dutzend Frauen auf ein Hotelzimmer zu nehmen, wenn man gerade die Laune dazu hatte, vorausgesetzt, man sträubte sich nicht gegen eine Extraabgabe für Seife und Handtücher. Die *patronne* konnte einem sogar einen bewundernden Blick zuwerfen, wenn sie einen zu dem Zimmer führte. Ich kann mir nicht vorstellen, daß etwas Ähnliches sich auf der 52. Straße inmitten der flammenden Fackeln, der steifen Hüte und der Tische mit Onyxplatten ereignen könnte. Ich kann mir jedoch schlimmere Dinge vorstellen, die dort geschehen, wenn ihr versteht, was ich meine ...

Man hat schon oft vorausgesagt, daß eines Tages ein neuer und höherer Menschentyp auf diesem Kontinent erscheinen wird. Wenn das so sein sollte, so muß er aus neuen Wurzeln kommen. Das jetzige Geschlecht kann einen guten Kompost abgeben, aber eine neue Rasse wird es nie hervorbringen. Wenn ich mit der Untergrundbahn durch New York fahre, sehe ich die neue Generation, die während meiner Abwesenheit herangewachsen ist. Die Jungen, die jetzt schon Männer sind und bereits eine neue Generation erzeugen. Ich betrachte sie, als hätte ich Meerschweinchen vor mir. Ich beobachte bei ihnen dieselben alten Tricks. Hoffnungslosigkeit steht ihnen auf den Gesichtern geschrieben. Sie waren von Geburt an zum Untergang verurteilt. Ein traurig stimmender Gedanke, je besser die Verhältnisse sind, in denen sie leben, desto schlimmer ist ihr Los. Man kann ihnen beibringen, wie sie größere, gesünder aussehende Sprößlinge erzeugen können, aber sie und ihre Nachkommenschaft werden in einem sinnlosen Experiment geopfert wie Bauern bei einem Schachspiel. Von Generation zu Generation wird das so fortdauern, bis endlich einmal ein einziger den Händen des Vivisezierers entschlüpft und seine eigene Welt aufbaut. Das muß aber ein sehr, sehr schlauer Kerl sein. Die Chancen, daß so etwas passiert, stehen eins zu tausend. Eher ist es möglich, daß die Versuchsmeerschweinchen *und* ihre Vivisezierer lange zuvor ausgetilgt werden. Es könnte tatsächlich sein, daß irgendein sonderbares Wesen, von dem man noch nichts gehört hat, irgendein *homo naturalis* ihre Nachfolge antreten wird. Einer, sagen wir mal, für den all unser Fortschritt und unsere Erfindungen absolut nichts bedeuten. Einer, der seine Behausung in Bäumen oder Kellern aufschlagen wird und sich so eine stinkfaule Ader zulegt, daß er vielleicht in seiner eigenen Scheiße erstickt.

Bravo! rufe ich aus, wobei ich nur für mich selbst spreche. Und wenn er sich als der dreckigste Lümmel erweisen sollte, der je über diesen Kontinent gestrolcht ist, von mir wird man kein Murren hören! Wenn er nichts weiter als die Möglichkeit vorführte, daß man das Leben ohne besagten verdammten und zur Verdammnis führenden «Fortschritt» führen und genießen kann, würde ich ihn mit Triumphgeschrei begrüßen. Er wäre in der Tat eine außergewöhnliche Erscheinung, weil er uns überzeugen könnte, daß man hier auf unserem

Kontinent und auch anderswo auf Erden ohne schändliche Plackerei und Erniedrigung leben kann, ohne seine Zuflucht zu Folter, Verfolgung und Vernichtungswaffen usw. zu nehmen.

Ich glaube, das wird eines Tages so kommen. Wir haben alle anderen Wege versucht und sind immer wieder in einen Zustand äußersten Elends und äußerster Hilflosigkeit zurückgesunken.

Eine radikale Umwandlung könnte wohl hier auf diesem großen Kontinent beginnen, denn dies ist der Schmelzkessel, der glühende Schmelzofen, in dem die Seele des Menschen auf die äußerste Bewährungsprobe gestellt wird. Wenn für Europa das Spiel schon fast verloren ist, so spielen wir ein noch gefährlicheres. Wir sind dem Ende näher, weiter vorgeschritten in jeder Beziehung.

Über den Kämpfen, die zwischen Völkern und Rassen ausgefochten werden, entwickelt sich bereits ein größeres Drama, das Weltdrama. Ob nun alle Teile der Welt an ihm teilnehmen oder nicht, jedes lebende Wesen auf Erden ist davon betroffen. Es handelt sich nicht mehr um eine Fortsetzung der bisherigen Geschichte, sondern der Kampf wird so lange dauern, bis die alte, von Menschen aufgerichtete Ordnung zerstört ist. Es bedeutet wenig, ob der jetzige Krieg, heiß oder kalt, morgen oder in fünfzig Jahren zu Ende geht. Es werden noch mehr Kriege kommen, jeder schrecklicher als der vorhergehende. Bis das ganze morsche Gebäude völlig dem Erdboden gleichgemacht ist. Bis wir (der *homo sapiens*) nicht mehr da sind.

Als ich zuerst (1940) diese Seiten schrieb, kam ich frisch aus einer seit langem begrabenen Welt zurück, einer Welt, die von jeder uns bekannten so sehr verschieden ist, daß ihre einstige Existenz mehr der Sage als der Wirklichkeit angehört. Zwischen den Ruinen, die jetzt Knossos und Mykene heißen, konnte ich ahnen, was dieser andere Lebensweg gewesen sein mußte, den die Menschen in grauer Vergangenheit gegangen waren. Daß er je ganz ausgelöscht wurde, läßt sich fast nicht glauben. Daß fast nichts von dem glorreichen Geist, der diese unsere Vorfahren beseelte, uns antreibt, ist beinahe noch schwieriger zu fassen. Daß es noch herrlichere Zeitalter gegeben hat als diejenigen, von denen wir wissen, bezweifle ich nicht. Obwohl jetzt jede Spur von ihnen verloren ist, tragen wir die Erinnerung an sie im Blut.

Nach meiner Überzeugung begann die sogenannte Zivilisation an keinem jener Zeitpunkte, die unsere Gelehrten mit ihrem begrenzten Wissen und Verständnis als Morgendämmerung der Menschheit ansetzen. Ich sehe nirgendwo ein Ende und einen Anfang. Ich sehe Leben und Tod gleichzeitig fortschreiten wie siamesische Zwillinge. Ich sehe, daß in jedem Stadium der Entwicklung oder Abwicklung unter allen Verhältnissen, bei jedem Klima und bei jedem Wetter – ob Friede herrscht oder Krieg, Unwissenheit oder Kultur, Aberglaube oder höchste Geistigkeit – es sich einzig und allein nur um den Kampf des Individuums handelt, seinen Triumph oder seine Niederlage, seine Befreiung oder Versklavung, seine Herrschaft oder Vernichtung. Dieser Kampf, der kosmischer Natur ist, läßt keine Analyse zu, ob sie nun wissenschaftlich, metaphysisch, religiös oder historisch ist.

Das sexuelle Drama ist ein Teil des größeren Dramas, das sich ständig in der Seele des Menschen abspielt. Da das Individuum immer mehr vermasst, immer uniformer wird, richtet sich das sexuelle Problem nach ihm aus. Die Genitalien werden sozusagen in den Dienst des ganzen Seins gestellt. In allen Sphären findet gleichzeitige Zeugung statt. Was neu, ursprünglich und zukunftsträchtig ist, entspringt nur aus einer Wesenseinheit. Man kann nicht nur mit Herz und Seele ficken, wie wir sagen, sondern als neues Wesen. Ein solches aber ist ein Erzeugnis des Geistes, geschaffen durch Verlangen, Liebe und Buße, nicht durch Schwangerschaft in der Gebärmutter. Die noch Ungeborenen sind alle um uns eingeschlossen in den Schoß der Zeit. Wenn unser Hunger nach echtem Leben stärker wird, fühlen wir ihre Gegenwart und machen Platz für sie.

Wieder und wieder habe ich betont, daß kein Weg aus der gegenwärtigen Sackgasse herausführt. Jedes Flickwerk ist unnütz. Es muß ein von Grund auf neues Leben entstehen. Alles geht Hand in Hand. Geistige Gesundheit verträgt sich nicht mit künstlichen Kompromissen. Wenn wir wie Wiesel leben, ficken wir wie Wiesel; wenn wir uns wie Ungeheuer benehmen, sterben wir als Ungeheuer. Jetzt essen, schlafen, arbeiten, spielen wir – und ficken sogar! – wie Automaten. Es ist das Land des Schlafes, in dem alle sich wie Kreisel drehen.

Um zu leben, muß man nicht nur wach, sondern erweckt worden sein. Wären wir wirklich wach, so würden wir vom Horror des Alltagslebens überwältigt. Niemand, der seine fünf Sinne beisammen hat, könnte die verrückten Dinge tun, die jetzt in jedem Augenblick von uns verlangt werden. Wir sind alle Opfer, ob wir oben, unten oder in der Mitte sind. Es gibt kein Entrinnen, keine Ausnahme von dem allgemeinen Schicksal.

«Man muß ganz für sich leben und vergessen», sagte Lawrence. Er versuchte es, und es gelang ihm nicht. Man kann nicht ganz abseits leben und auch nicht vergessen. Dann und wann im langen Verlauf der menschlichen Geschichte ist es einem Einzelnen tatsächlich gelungen, sich loszureißen und seinen ganz eigenen Lebensweg zu gehen. Aber wie selten ist dieses Schauspiel! Nur eine Handvoll – man bedenke das! – hat jemals die Form gesprengt.

Noch tragischer oder zum Spott herausfordernd ist das Beispiel der Nachahmer, die nie versuchten, ihr eigenes Leben zu führen, sondern sklavisch ihre Lehrmeister kopierten. Selbst kühnsten Geistern hat es an Verständnis gefehlt, so klar die wenigen großen Beispiele auch gewesen sind. Zu folgen und nicht zu führen, das ist der Fluch des Menschen.

Diese wenigen großen Beispiele haben, obwohl wir sie nicht zu verstehen vermochten, den Lauf des menschlichen Lebens auf tiefste beeinflußt. Wenn man ihr Leben betrachtet, sieht man den Menschengeist im Aufruhr, wie er sich frei macht

von der Knechtschaft des Wahns und der Selbsttäuschung.

Nicht aufs Ganze gehen – das ist des Menschen
verhängnisvoller Fehler. Jean Guéhenno drückt
das so aus: *«La vraie trahison est de suivre le
monde comme il va, et d'employer l'esprit à le
justifier.*[4]*»*

Nur wenn wir den Blick auf diese vulkanischen
Gestalten richten, können wir den Druck der tod-
bringenden Kräfte beurteilen, die uns in ihrem
Griff haben. Erst dann kommt uns zum Bewußtsein, was man an Mut und Phantasie, an Kühnheit und Demut aufbringen muß, um das Netz der
Verzweiflung und Aussichtslosigkeit, das uns um-
strickt und zu erwürgen droht, zu durchdringen.
Nichts kann uns eine solche Erhebung und einen
solchen Trost verschaffen wie das Beispiel dieser
wenigen seltenen Geister.

Trotz aller Rückschläge, welche die Geschichte
verzeichnet, trotz des Auf- und Abstiegs von Kul-
turen, trotz des Verschwindens von Rassen und
Kontinenten gibt es ein unbezwingliches und fest-
gegründetes Bauwerk, das des Menschen wahre
Wohnstätte ist. Wenn wir das begreifen, können

4 *Caliban parle* von Jean Guéhenno, Editions Grasset, Paris

wir eintreten. Wir werden die Welt nicht erst niederreißen müssen.

Wie Flüsse vom Ozean verschluckt werden, so müssen alle geringeren Wege schließlich in den größeren Weg einmünden, man mag diesen nennen, wie man will. Moral, Ethik, Gesetze, Sitten, Glauben und Lehren bedeuten nur wenig. Es kommt einzig und allein darauf an, daß das Wunderbare die Norm wird. Selbst jetzt in unserem ausweglosen und elenden Zustand mangelt es am Wunderbaren nie ganz. Aber wie grotesk, wie unbeholfen und plump sind unsere Bemühungen, es herbeizuführen. Die ganze Geschicklichkeit, all die herzbrechende Arbeit an Erfindungen, die als wunderwirkende Zaubermittel betrachtet werden, muß nicht nur als eine Verschwendung angesehen werden, sondern als unbewußtes Bemühen des Menschen, dem Wunderbaren zuvorzukommen und es zu umgehen. Wir stopfen die Erde mit unseren Erfindungen voll, ohne uns träumen zu lassen, daß sie möglicherweise unnötig oder – nachteilig sind. Wir ersinnen erstaunliche Verkehrsmittel, aber stehen wir miteinander in Verbindung? Mit unglaublicher Geschwindigkeit fliegen wir hin und her, aber haben wir wirklich den Ort, von dem wir

despite the disappearance of races and continents, some invisible and sustaining edifice is being constantly built, and it is this which is man's true habitation, this in which he will one day dwell for eternity. This is the essence of all religious doctrine, the greater way of life, which will swallow up all the other lesser ways now being tried out. When this sense of the cosmic dawns upon men, all questions of morality, and ethics, of laws and customs, of beliefs and prejudices, will disappear. First of all man will cease to kill. That will be the first tangible evidence of the new order. When murder and hatred are eliminated from the heart of man there are no limits to what may be expected of him. The miracle will be a constant, daily affair. Even now, in our thwarted, frustrated way of life, the miracle is not wholly absent. But how grotesque, how laborious, how awkward and clumsy are our efforts to bring it forth. All the labor, the energy, the ingenuity which goes into the creation of inventions to create a pseudo-miraculous world is wasted. We clutter the earth with apparatus; we never think that possibly the apparatus may be superfluous. We devise the most technically perfect means of communication, but do we really communicate with one another? We move our bodies about from place to place at lightning-like speed, but do we actually move from the spot? Mentally, morally, spiritually, we are bound and chained. What difference does it make if we succeed in mowing down mountain ranges, or changing the courses of great rivers, or moving whole populations about like chess pieces, if we are unaltered, are miserable, restless, ridden with envy.

abgeflogen sind, verlassen? Geistig, moralisch und seelisch sind wir in Fesseln geschlagen. Wir ebnen Bergketten ein, bändigen die Energie mächtiger Flüsse oder schieben ganze Bevölkerungen wie Schachfiguren umher, aber was ist uns damit gedient, solange wir selbst genauso ruhelos, elend und gehemmt bleiben wie zuvor? Eine solche Tätigkeit Fortschritt zu nennen, ist krasse Selbsttäuschung. Es mag uns gelingen, das Antlitz der Erde so zu verändern, daß es selbst dem Schöpfer nicht mehr erkennbar ist, aber wenn wir selbst unverändert bleiben, wo liegt da der Sinn?

Sinnvolle Tätigkeit erfordert keine unablässige Bewegung. Wenn alles versinkt und einstürzt, ist es am zweckmäßigsten, still zu sitzen. Der Mensch, dem es gelingt, die Wahrheit zu erkennen und auszudrücken, hat wahrhaftig mehr vollbracht, als wenn er ein großes Reich zerstört hätte. Es ist überdies nicht immer nötig, die Wahrheit laut zu verkünden. Mag die Welt zerfallen und sich auflösen, die Wahrheit bleibt.

Im Anfang war das Wort. Der Mensch erfüllt es. Er ist der Akt, nicht der Akteur.

Man *kann* – ja, man muß – fröhlich in einer Welt leben, die mit sorgenvollen, leidenden Geschöpfen angefüllt ist. Welche andere Welt gibt es denn, auf der man das Leben genießen könnte? Das eine weiß ich, daß ich nichts mehr vollbringe, nur um etwas zu vollbringen, noch irgend etwas unternehme, nur um aktiv zu sein. Noch kann ich als notwendig oder unvermeidlich anerkennen, was jetzt im Namen von Gesetz und Ordnung, Friede und Wohlstand, Freiheit und Sicherheit vor sich geht. Das könnt ihr an die Hottentotten verkaufen! Ich kann es nicht schlucken, es ist mir zu gräßlich. Ich will mein eigenes Stück Land einzäunen, nur ein winziges Stück, das aber mir gehört. Da ich noch keinen Namen dafür habe, nenne ich es vorläufig das Land des Ficks.

Ich habe von diesem seltsamen Terrain schon einmal gesprochen. Ich nannte es ein «Zwischenspiel». Ich erwähne es noch einmal, weil es jetzt mehr als je nach Wirklichkeit klingt. Auf diesem Gebiet bin ich unbestritten Monarch. Ich mag vielleicht total verrückt sein, aber nur, weil 999 999 999 999 andere anders denken als ich. Wo andere Selleriewurzeln, Kohlrabi, Pastinaken und rote Rüben sehen, entdeckte ich ein neues Gewächs – den Keim einer neuen Ordnung.

Wie das Geschlechtsleben des Menschen unter

einer neuen Ordnung sein wird, das zu beschreiben übersteigt meine schwache Vorstellungskraft. Wir wissen etwas über die Glut und Ekstase, welche die Riten und Zeremonien von Heiden und primitiven Völkern kennzeichnen. Wir wissen auch etwas von der Kunst und der Zartheit, mit der fromme Orientalen den Liebesakt vollziehen. Aber wir haben noch nie etwas von einem Volk gesehen oder gehört, das frei von Aberglauben, rituellen Vorschriften, Götzendienst, Furcht oder Schuld ist. Einige sind in dieser Hinsicht frei gewesen, andere in anderer. Nicht einmal zu König Arthurs Zeit – und es war eine glorreiche Zeit – zeigte sich der Mensch frei.

Unsere Träume liefern uns jedoch einen Schlüssel zu den Möglichkeiten, die vor uns liegen. Im Traum kommt der adamitische Mensch zum Leben, der eins ist mit der Erde, eins mit den Sternen, der mit gleicher Freiheit durch Vergangenheit, Gegenwart und Zukunft streift. Für ihn gibt es keine Tabus, keine Gesetze, keine Konventionen. Auf seinem Wege wird er nicht durch Zeit, Raum, physische Hindernisse oder moralische Erwägungen behindert. Er schläft mit seiner Mutter so natürlich wie mit irgendeiner anderen. Wenn er mit einem

Tier des Feldes seine Lust befriedigt, fühlt er kein Widerstreben. Er kann seine eigene Tochter mit gleicher Wonne und Befriedigung nehmen.

Im wachen Zustand, verkrüppelt, gefesselt, gelähmt durch alle möglichen Befürchtungen, bei jedem Schritt bedroht durch wirkliche oder eingebildete Strafen, kommt beinahe jedes Verlangen, dem wir Ausdruck zu geben suchen, in falscher oder übler Weise zum Vorschein. Das wahre Selbst weiß es anders. Sobald man die Augen schließt, werden alle diese verbotenen Triebe hemmungslos befriedigt. Im Traum lassen wir uns trotz aller Stacheldrahtverhaue, Abgründe, Fallen und Ungeheuer, die an unserem Wege lauern, von nichts abhalten. Wenn unsere Triebe behindert oder unterdrückt werden, wird das Leben gemein, häßlich, lasterhaft und todesähnlich. Mit anderen Worten, *es wird genau so, wie es ist.* Schließlich ist ja die Welt, die wir bewohnen, das Spiegelbild unseres inneren Chaos. Unsere Mediziner, unsere juristischen Fanatiker, alle die mit härenen Gewändern bekleideten Pädagogen und Dunkelmänner, die die Szenerie beherrschen, möchten uns glauben machen, daß der Wilde und Primitive, wie sie den natürlichen Menschen nennen, erst geknebelt und gefesselt werden muß, wenn er am Leben der Gesellschaft teilnehmen will. Jeder schöpferische Mensch weiß, daß dies falsch ist. Nie ist etwas durch Verkrampfung, Behinderung und Fesselung zustande gekommen. Weder Verbrechen noch Krieg, noch böse Lust, noch Gier, noch Neid werden so ausgetilgt. Alles, was im Namen der Gesellschaft erreicht wird, ist die Fortsetzung der großen Lüge.

Anzunehmen, daß die Menschen, wenn sie nicht durch Furcht vor Strafe zurückgehalten werden, sich morden und ausplündern, Sodomie treiben und ad infinitum einander foltern werden, ist eine Verleumdung des Menschengeschlechts. Wenn man ihnen nur eine halbe Chance gibt, werden die Menschen das Beste aus sich hervorholen, was in ihnen steckt. Gewiß wird es Ausbrüche von Gewalttätigkeiten geben, wenn ein neues freiheitliches Zeitalter bevorsteht. Eine Art rauher Justiz muß sich bemerkbar machen, wenn die Waagschale zu weit gesunken ist. Es mag uns gefallen oder nicht, aber es kommen Zeiten, da werden einige Vertreter unserer Rasse selbst darum bitten, ausgelöscht zu werden, und man wird sie auslöschen, wenn auch nur aus Güte, Anständigkeit und Achtung für zukünftige Geschlechter. Es gibt Zeiten, wo einige elende Gesellen nichts anderes verdienen, als den Wölfen vorgeworfen zu werden. Dann und wann *muß* man den wirklichen Verrätern des Menschengeschlechts ihre unheiligen Rechte und Vorrechte, ihren auf ungesetzliche Weise erworbenen Besitz entreißen, sie müssen verjagt werden wie Hunde.

Diese Racheakte werden sich so lange wiederholen, wie es Unterdrückung und Bedrückung gibt. Man mißverstehe mich nicht, es sind nicht die Großen im Geiste, die solche Taten befürworten. Aber die im Schatten Stehenden haben dann und wann auch ein Wörtchen mitzureden. Niemand ist zu klein oder zu gering, als daß man ihn übersehen könnte, wenn jemals ein gesundes Gleichgewicht erreicht werden soll.

Der Geist des Menschen ist wie ein Fluß, der zum Meer strebt. Man dämme ihn ein, und man steigert seine Kraft. Man mache den Menschen nicht für seine schrecklichen Wutausbrüche verantwortlich. Man verdamme die Kraft des Lebens! Der Geist, der uns bewegt, kann jede Gestalt annehmen, er kann uns zu Engeln, Dämonen oder Göttern machen. Jedem stehe die Wahl frei. Nichts steht dem Menschen im Wege als seine eigenen gespenstischen Befürchtungen. Die Welt ist unsere Heimat, aber wir müssen sie noch besetzen. Die Frau, die wir lieben, erwartet uns, aber wir wissen nicht, wo wir sie finden sollen. Der Weg, den wir suchen, ist unter unseren Füßen, doch wir erkennen ihn nicht. Ob wir lange oder kurz auf der Erde sind, die Kraftquellen, aus denen wir schöpfen können, sind unbegrenzt.

Ziehen wir Nutzen aus unserem Aufenthalt hier auf Erden? Wie wunderbar, wenn wir wie Buddha sagen könnten: «Ich hatte nicht das Geringste von dem völligen, unübertroffenen Erwachen, und genau aus diesem Grunde wird es das ‹völlige, unübertroffene Erwachen› genannt.»

Ich kann mir eine Welt – weil sie immer existiert hat! – vorstellen, in der Mensch und Tier einen Bund schließen und in Frieden und Harmonie zusammenleben, eine Welt, die Tag für Tag durch den Zauber der Liebe umgewandelt wird, eine Welt, die frei vom Tod ist. Es ist dies kein Traum.

Der Dinosaurier hatte seine Zeit und ist für immer verschwunden. Der Höhlenmensch hatte seine Zeit und ist nicht mehr. Die Vorfahren des jetzigen Menschengeschlechts sind noch hier und da zu finden, verachtet, vernachlässigt, aber noch nicht begraben. Sie alle erinnern uns an Gewesenes und an Zukünftiges. Auch sie hatten ihre Träume – Träume, aus denen sie nie erwacht sind.

Es hat nie einen so glänzenden, so blendenden Lebenstraum gegeben, daß er an das Bild, das die Wirklichkeit darbieten könnte, herankäme. Wer sich fürchtet, ist zum Untergang verurteilt, wer zweifelt, ist verloren. Das Eden der Vergangenheit ist das Utopia der Zukunft. Dazwischen erstreckt sich die endlose Gegenwart, das Jetzt, in dem die Dinge so sind, wie sie sind, und gerade weil es so ist und nicht anders, haben wir alles, was wir wünschen, alles, was wir brauchen, wie die Fische im Ozean ... denn es *ist* ein Ozean, in dem wir schwimmen, eine weite und gewaltige Tiefe, die alles umfaßt, was wir jemals wissen, jemals verwirklichen können ... und ist das nicht genug?

Wenn ich allein bin, durch die Straßen gehe, kommen mir die Dinge nahe: Vergangenheit, Gegenwart, Zukunft, Geburt, Wiedergeburt, Evolution, Revolution, Auflösung. Und das Sexuelle in seinem ganzen pathologischen Pathos.

Jedes Land, jede Groß- und Kleinstadt, jedes Dorf hat sein sexuelles Klima und seine sexuelle Atmosphäre. In einigen Orten durchdringt es die Luft wie dünnes, dunstförmiges Sperma, in anderen ist es in die Wände von Wohnungen, ja Kirchen eingetrocknet. Hier strömt es, wie ein Teppich frischen jungen Grases, einen angenehmen, stärkenden Duft aus, dort haftet es dick wie Flaum und umherfliegend wie Blütenstaub an den Kleidern, setzt sich in den Haaren fest und verstopft die Ohren. Manchmal ist sein Fehlen so auffallend, daß nur ein Hauch davon elektrisierend wirkt. (Wie wenn man in einer dunklen Straße auf ein Schaufenster stößt und dreiundzwanzig weiße Küken unter dem erbarmungslosen Licht einer Reihe nackter Birnen hellwach findet.)

Die Art, wie Menschen reden, gehen, sich kleiden, die Art, wie sie essen und wo, wie sie einander ansehen, jede Einzelheit, jede Gebärde, die sie machen, zeigt an, ob das Sexuelle da ist oder fehlt. Und dann gibt es auch die Mörder des Sexus – man erkennt sie sofort überall.

Hin und wieder komme ich auf meinen Spaziergängen gerade an einem Schaufenster vorüber, wenn eine Kleiderpuppe aufgestellt wird. Sie steht dort in wachsbleicher Nacktheit, allen Blicken ausgesetzt. Der Dekorateur faßt sie mit den Armen, um sie so oder so zu stellen. Erstaunlich, wie lebendig die Puppe zu sein scheint! Nicht nur lebendig, sondern leicht lüstern. Alles an dem Dekorateur erinnert an den Leichenbestatter.

Wenn ich nachts umherstreife, kommt es mir immer vor, daß die düsteren Viertel einer Stadt lebendiger und verlockender sind als die glänzend erleuchteten Boulevards, wo die wandelnden und künstlichen Kleiderpuppen so prächtig angezogen sind. Man nehme zum Beispiel Grasse. Nach Anbruch der Dunkelheit kann es erschreckend und verführerisch sein. Gegen den Fuß des Berges, wo die Armen wie Maden hausen, scheinen die Straßen wie Haarwickel angeordnet zu sein. An jeder Biegung liegen Abfallhaufen, an denen räudig aussehende Katzen ihren Hunger stillen. Im Sommer sind die Türen mit zahnlosen alten Weibern dekoriert, die bei dem trüben Licht einer Straßenlaterne ihren Tratsch halten. Aus dem Gegacker der Alten kann man dann und wann das heisere Lachen einer Hure heraushören. Es ist ein richtiger Theatereffekt. Wenn man ein solches schlampiges Frauenzimmer spreizbeinig mit nackten Schenkeln auf einer Treppenstufe sitzen sieht, so ist das ein aufreizender Anblick, dem die schmutzige Umgebung nur noch einen größeren Reiz verleiht. Man wandert wie benommen umher und kehrt immer wieder zu der üppigen Gestalt mit den gespreizten Beinen und den wie zwei große schwarze Kohlen in den Höhlen glimmenden Augen zurück.

Wo ein Fluß, ein Marktplatz, eine Kathedrale, eine Eisenbahnstation, ein Spielkasino ist, schwelt dieses Sumpflicht und läßt einem das Blut dick und den Mund trocken werden.

Es ist ganz natürlich, auf die hellen Lichter zuzugehen, wenn man nach Einbruch der Dunkelheit in eine fremde Stadt kommt. Mein Instinkt treibt mich nach den dunklen Teilen hin, wo die Stille durch unzüchtige Rufe, derbes Lachen, schmutzige Flüche oder hin und wieder einen Seufzer noch mehr hervorgehoben wird. Höre ich hinter einem geschlossenen Fensterladen jemanden schluchzen, so falle ich zu Asche zusammen. Ich werde dadurch nicht nur tief bewegt, sondern oft auch sexuell erregt, denn wenn eine Frau im Dunkeln schluchzt, bettelt sie gewöhnlich um Liebe. Ich sage mir, daß ihre Schluchzlaute bald durch eine leidenschaftliche

Umarmung zur Ruhe kommen werden. Ich warte nur darauf, das danach folgende Stöhnen und Seufzen zu hören.

Indem ich von Haus zu Haus, von Fenster zu Fenster gehe, ist meine letzte verzweifelte Hoffnung, den Anblick einer Frau zu erhaschen, die sich vor einem zersprungenen Spiegel selbst Gutenacht sagt. Wenn ich nur ein einziges Mal diesen letzten Blick auffangen könnte, ehe das Licht erlöscht!

Über das ganze Land verstreut gibt es Plätze, wo Männer und Frauen sich auf steinernen Betten wälzen und zerquälen, mit fiebrig schweißnassen Stirnen, ihr wirres Hirn erfüllt von vergeblichen Hoffnungen und rachsüchtigen Träumen. Ich sehe wieder diese kleine Stadt auf dem Peloponnes vor mir, mit ihrem Gefängnis hoch oben über dem Hafen. Alles ist in tiefem Schlaf begraben, außer diesem gräßlichen Bau, einem Käfig aus Stein und Eisen, der in einem geisterhaften Licht erstrahlt, als würden hier die Seelen der Verurteilten den Flammen überantwortet. Am Fuße der Mauern, wo alle die gewundenen Gäßchen endeten, sah ich ein Paar in enger, langer Umarmung vereint, nahebei, selig an den Sträuchern knabbernd, war ein Ziegenbock angebunden. Ich beobachtete sie eine Weile, den Bock und die entrückten Liebenden, dann schlenderte ich hinunter zum Hafendamm, wo ein verrückter alter Seebär dasaß und seine Füße badete. Sein auf das ferne Argos gerichteter starrer Blick war der eines Mannes, der hoffte, das goldene Vlies zu sichten.

In ihrer Einsamkeit, in ihrem Traum von Liebe oder deren Mangel, werden die Verlorenen immer ans Ufer des Wassers geführt. In der gewaltigen Strömung der Nacht wird die klagende Seelenqual der Gemarterten vom Geplätscher auch des kleinsten Gewässers besänftigt. Der Geist, von allem entleert außer vom Plätschern der Wellen, wird ruhig. Fortgetragen von den Wassern gibt der eben noch gequälte Geist seinen unruhigen Flug auf.

Die Wasser der Erde! Ausgleichend, erhaltend und tröstend. Wasser der Taufe! Neben dem Licht das geheimnisvollste Element der Schöpfung.

Alles vergeht mit der Zeit. Die Wasser überdauern.

Big Sur, Kalifornien, Februar-April 1957

Inhalt

Rowohlt

Schutzumschlag- und Einbandentwurf
von Werner Rebhuhn
Gesetzt in der
Linotype-Garamond-Antiqua
bei Otto Gutfreund & Sohn,
Darmstadt
Gedruckt und gebunden
bei Clausen & Bosse,
Leck/Schleswig